U0692898

新时期大学生
思想政治教育创新研究

罗启宝　著

中国纺织出版社有限公司 ｜ 国家一级出版社
全国百佳图书出版单位

内 容 提 要

本书从新时代高校大学生的需求和特点出发，探讨了高校思想政治教育的改革策略。首先从高校大学生思想政治教育理论与基础入手；其次高校思想政治教育内容创新的目标、原则及其方法；最后，重点对大数据支持下的高校大学生思想政治教育创新、微时代下的高校大学生思想政治教育创新、新媒体下的高校大学生思想政治教育创新、以人为本理念下的高校大学生思想政治教育创新探讨具体的教育改革对策等方面进行系统、深入的研究。期望本书内容能够推动整个学科体系的发展与完善，促进社会主义核心价值体系的建设，促进人的全面发展。

图书在版编目（CIP）数据

新时期大学生思想政治教育创新研究 / 罗启宝著
. -- 北京：中国纺织出版社有限公司，2023.5
ISBN 978-7-5229-0591-4

Ⅰ.①新… Ⅱ.①罗… Ⅲ.①大学生－思想政治教育－研究－中国 Ⅳ.① G641

中国国家版本馆 CIP 数据核字（2023）第 086427 号

责任编辑：张 宏 责任校对：高 涵 责任印制：储志伟

中国纺织出版社有限公司出版发行
地址：北京市朝阳区百子湾东里 A407 号楼 邮政编码：100124
销售电话：010—67004422 传真：010—87155801
http://www.c-textilep.com
中国纺织出版社天猫旗舰店
官方微博 http://weibo.com/2119887771
三河市宏盛印务有限公司印刷 各地新华书店经销
2023 年 5 月第 1 版第 1 次印刷
开本：787×1092 1/16 印张：11.25
字数：213 千字 定价：98.00 元

前　言

思想政治教育是以人的思想为对象的教育活动，它的目的在于唤醒人们内在沉睡的思想，激发出其奋发向前的精神力量，从而使其获得正确且明确的方向，奋勇前行。

20世纪下半叶兴起的新科技革命浪潮，正在将人类社会推向一个全新时期——新媒体时代。具备强大传播功能的新媒体日益深刻地影响着社会发展，其"双刃剑"效应也日益凸显。新媒体发展给大学生思想政治教育所带来的新情况、新问题，需要我们做出新的概括和解释，这不仅是新时代赋予高校思想政治教育工作者的新使命，而且是创新和发展思想政治教育理论的新机遇。

本书共分为七章。第一章为大学生思想政治教育体系理论概述，第二章为当代大学生思想政治教育发展现状，第三章为新媒体时代对大学生思想政治教育的影响，第四章为新时期大学生思想政治教育的时代转型分析，第五章为新时期大学生思想政治教育内容和方法整理，第六章为新时期大学生思想政治教育创新的策略探索，第七章为新时期大学生思想政治教育创新的路径研究。

本书的理论性较强，有很多与实际相关的方面。因此，能够帮助读者更好地理解相关理论的知识，在实际工作与生活中能更好地理解学习思想政治教育。同时，立足于近年来大学生思想政治教育研究的成果，较为全面地梳理了新时期高校思想政治教育创新的理论问题，对促进高校思想政治教育工作具有实际意义。

本书在编写过程中，搜集、查阅和整理了大量文献资料，在此对学界前辈、同仁和所有为此书编写工作提供帮助的人员致以衷心的感谢。由于编者水平有限，编写时间较为仓促，书中可能存在错漏之处，还请广大读者给予理解和不吝指教！

罗启宝

2023年1月

目　录

第一章

大学生思想政治教育体系理论概述

第一节　大学生思想政治教育的理念

一、理念概述

理念，通常指主体根据自己对事物本质和发展趋势的理解和判断，根据自己对社会发展需要和对个体本性的体验，经过长期的过滤、积淀和检验而固定下来的思想观念。这种思想观念既是一种高度理性化的观念，也是一种高度价值性的观念。科学的理念既应是对事物发展的本质联系和趋势规律性的正确揭示，也应是人类、集体和个体发展需要的正确反映，还应当是合规律性和合目的性的统一。[1]大学生思想政治教育理念，既应当反映大学生存在和发展的本质要求，也应当反映思想政治教育的本质属性和发展要求；既应当反映大学生群体发展和进步的本质需求，又应当反映大学生个体发展和完善的必然趋势。

（一）理念的界定

对理念的界定，角度不同，所要达到的目的也会不同。在界定大学生思想政治教育理念时，需要重点考虑以下几点。

首先，必须搞清楚大学生思想政治教育的理念对大学生思想政治教育所具有的功能和价值，否则，整个大学生思想政治教育理念的研究就失去了意义和方向。

---

[1]　胡树祥：《网络思想政治教育研究》，电子科技大学出版社 2005 年版，第 91 页。

其次，必须搞清楚大学生思想政治教育理念确立的依据是什么。任何理念的确立都必须有自己的依据，科学理念更是如此。没有依据的理念就不具有积极的功能和价值，当然就起不到对社会积极、进步的推动作用。

最后，要建构创新完善的机制。研究大学生思想政治教育理念如何在社会发展的过程中，在人类对大学生思想政治教育的发展具有新的认识、新的判断的基础上，在大学生思想政治教育的新的经验、新的发展的前提下，使大学生思想政治教育的理念更科学、更完善，更能符合社会、高校和大学生等各个方面发展的新要求。

（二）理念的价值

大学生思想政治教育的理念，在大学生思想政治教育中具有重要的指导意义和价值，具体讲，可概括为以下三个方面。

1.目的和方向

理念有利于确定大学生思想政治教育的目的和方向。任何一项社会活动，一旦具有正确的目的和运动方向，就有了目标和动力，就能积聚社会资源来实现活动的目的和方向。大学生思想政治教育的理念就能为大学生思想政治教育的目的和方向提供科学的依据。

2.基本原则

理念有利于确立大学生思想政治教育的基本原则。大学生思想政治教育的基本原则是为有效实现大学生思想政治教育的目的和方向而确立的，因而，只有符合大学生思想政治教育基本理念的原则才能做到这一点。

3.方式方法

理念有利于确立大学生思想政治教育的方式方法。如果说目的和方向是为了给大学生思想政治教育提供科学的和长远的目的及其方向，基本原则是为了大学生思想政治教育的整个过程能够有目的地顺利运行，那么方式方法则是为了实现大学生思想政治教育如何才能做到有针对性和有效性。

如果大学生思想政治教育理念都能充分发挥出来，那么大学生思想政治教育就能真正服务于社会、高校和大学生个体。

二、全面发展的理念

全面发展即人的全面发展，指人的体力和智力的充分发展，又指人在德智体美劳各方面和谐地发展。教育是造就人的全面发展的重要方法，在思想政治教育中，必须用全面发展的理念教育大学生。

（一）人的全面发展思想回顾

古往今来，人的全面发展一直是思想家们追求的美好理想，其形成经历了一个漫长的过程。

1.马克思主义诞生前思想界对人的全面发展的思考与探索

在中国的周朝，贵族教育体系中的"六艺"就反映了奴隶时代对理想统治人才的全面性要求。古希腊哲学家亚里士多德曾提出身心和谐发展的思想，古罗马政治家西塞罗谈到教育能使个人才能得到充分发展。18世纪的法国唯物主义者霍尔巴赫、爱尔维修等人，把人视为教育和环境的产物，这当然具有一定的合理成分。但是，由于历史观上的根本局限，他们看不到"环境的改变和人的活动或自我改变的一致，只能被看作是并合理地理解为革命的实践"[1]，必然陷入"环境塑造人"和"人改变环境"的两难悖论，无法走出思想的迷宫。以至于后来的空想社会主义者不能科学地认识资本主义的时代主题，不能正确地把握资本主义的基本矛盾，无视人的全面发展的社会弊病，无法提出人的全面发展的措施。他们的思想和主张虽具有重要的价值，但看不到畸形发展的深刻根源在社会制度，不了解人的全面发展依赖于物质生产力的发展、社会的进步，不了解人的全面发展与人的解放是同一个过程，因此，找不到实现人的全面发展的道路[2]。

2.马克思关于人的全面发展的思想

马克思从历史观的意义上揭示了"人的全面发展"的途径，把人类存在的历史形态概括为"人的依赖关系""以物的依赖性为基础的人的独立性"和"建立在个人全面发展和他们共同的社会生产能力成为他们的社会财富这一基础上的自由个性"[3]三种历史形态。马克思认为人的全面发展是依靠消除分工对人的制约，即消灭资本主义，建立社会主义，促进人的能力和自由个性的全面发展等。概括起来，主要有以下内容。

（1）人的全面发展的物质基础是生产力的高度发展

一方面，生产力的发展提高了人对自然的认识水平和利用能力，提高了生产效率，生产出日益丰富的物质生活资料，为人的全面发展奠定物质基础，"当人们还不能使自己的吃、喝、住、穿在质和量方面得到充分供应的时候，人们就根本不能获得解放"。生产力

---

❶ 《马克思恩格斯文集》第 1 卷，人民出版社 2009 年版，第 500 页。
❷ 龙鸣：《马克思关于人的全面发展思想》，《理论学刊》2000 年第 4 期。
❸ 《马克思恩格斯全集》第 30 卷，人民出版社 1995 年版，第 107-112 页。

的高度发展 "给所有的人腾出了时间，创造了手段，个人会在艺术、科学等方面得到发展"❶。另一方面，"真正的财富就是所有个人的发达的生产力"❷。随着社会物质财富的极大发展，要求一种好的社会制度来保证人的全面发展，而这种社会制度就是共产主义。马克思把共产主义称为"在保证社会劳动生产力极高度发展的同时又保证人类最全面的发展的这样一种经济形态。个人自由只是对那些在统治阶级范围内发展的个人来说是存在的……对于被统治的阶级来说，它不仅是完全虚幻的共同体，而且是新的桎梏"❸。因而，马克思把人的全面发展作为社会主义和共产主义的一个重要特征和主要内容。

（2）人的全面发展是人的能力的全面发展

马克思指出，人的全面发展是人的一切能力的发展。

其一，人的能力的全面发展和人的全面发展互为条件和前提。人的全面发展依赖于人的能力的全面发展，人的能力的全面发展反过来促进人的全面发展。

其二，人的能力的全面发展是人综合而全面的发展，包括人的体力和智力的发展，也即人的德智体美等方面的发展。

其三，全面发展的人是劳动能力全面的人，具有适应社会关系普遍性的能力，也就是人的能力得到多方面发展。

（3）人的全面发展的重要内容是人的个性全面发展

马克思、恩格斯指出，人"由于具有表现本身的真正个性的积极力量才是自由的"❹，每个人都应有"必要的社会活动场所来显示他的重要的生命力"❺"个性得到自由发展，因此，并不是为了获得剩余劳动而缩减必要劳动时间，而是直接把社会必要劳动缩减到最低限度，那时，与此相适应，由于给所有的人腾出了时间和创造了手段，个人就会在艺术、科学等方面得到发展"❻。可见，马克思、恩格斯认为只有每个人的生命力得到显示，才能使潜能得到充分发挥和发展。必须为每一个人提供社会活动场所，为人们腾出活动时间，为个性发展创造机会。人的个性的全面发展是个人的全面发展的表现，也是人类的全面发展的表现，更是人类社会进步的表现，还是人类社会发展进程的标尺。

（4）人的全面发展是人的需要的全面发展

人的需要是推动人的全面活动的内在动力。在资本主义条件下，人的需要的多方面发展总要受到资产阶级和资本利益的剥削和限制；人们不但在经济上受剥削而且精神也极其

---

❶ 《马克思恩格斯全集》第31卷，人民出版社1998年版，第100—101页。
❷ 同上，第104页。
❸ 《马克思恩格斯选集》第1卷，人民出版社1995年版，第119页。
❹ 《马克思恩格斯文集》第1卷，人民出版社2009年版，第335页。
❺ 《马克思恩格斯全集》第2卷，人民出版社1956年版，第167页。
❻ 《马克思恩格斯全集》第31卷，人民出版社1998年版，第101页。

贫乏、空虚，人的多方面的需求受到多方面的约束。马克思认为人的需要的丰富性、普遍性为发展的全面性提供了动力，而在生产力高度发展、社会产品极大丰富的社会主义和共产主义条件下，每个人将按自己的个性探寻一切合理的、理性的需要，人的全面发展最终会实现。

马克思关于人的全面发展思想的实质是要消灭资本主义，建立社会主义。在生产力高度发达、物质财富极其丰富的基础上把人与人之间的关系改造成自由的个人能够充分发挥其个性和创造性的关系，使每个人的自由发展成为一切人的自由发展的条件。

3.马克思人的全面发展思想在新的历史条件下的发展

人的全面发展是一个动态的发展过程，几代中央领导集体紧密结合中国的国情和国际形势发展了马克思主义人的全面发展理论，从德智体全面发展到德智体美劳协调发展，都是对人的全面发展内涵的具体化。

中共十八大和十九大以来提出了物质文明、精神文明、政治文明、社会文明与生态文明"五位一体"的社会主义建设体系。在物质文明建设方面，党中央继承了社会主义本质论，在新的实践基础上做了进一步强调和发展，认为"实现共同富裕，是社会主义的本质要求"。在社会主义现代化建设进程中，需要加快农村地区经济建设，缩小城乡差距，实现经济的共同发展。在精神文明建设方面，要解决精神文明建设方面的差异性，加大对相对落后地区的教育投入，树立科学统一的社会主义核心价值观。生态文明建设方面，要求在社会主义建设过程中，科学地处理人与自然的关系，贯彻科学发展观，实现人与自然的和谐共生。在国家治理体系和治理能力方面要实现现代化的目标。国家治理体系和治理能力现代化是促进人的全面发展的有效途径，也是社会主义政治文明建设的内在要求。而社会文明建设为人的全面发展提供保障。通过建立健全完备的社会保障体系，为实现人的全面发展免除后顾之忧。

（二）大学生思想政治教育中蕴含全面发展的理念

在大学生思想政治教育工作中，必须以大学生全面发展为目标。大学生是民族的希望、祖国的未来，是国家的建设者和可靠接班人。因而，必须把大学生培养成为有理想、有道德、有文化、有纪律的社会主义新人，使其健康成长，使其思想道德素质、科学文化素质和身体健康素质等方面都得到提升。

1.大学生思想政治教育应服务服从于大学生的全面发展

大学生思想政治素质的提高为大学生的成长成才提供强大精神支撑。大学生的全面成长成才要以人为本，把思想政治教育与学生成长成才的需要结合起来，引导大学生坚持学习科学文化与加强思想政治修养的统一，学习书本知识与投身社会实践的统一，实现自身价值与服务祖国人民的统一，树立远大理想与进行艰苦奋斗的统一，为振兴中华做出更大贡献。

2.大学生思想政治教育应以大学生全面发展为出发点和落脚点

大学生思想政治教育应根据社会和大学生思想变化的实际，不断总结，不断扩展新视野，做出新概括，丰富大学生思想政治教育理论，以多渠道、多方式促进大学生全面发展。在思想政治教育中无论是推动邓小平理论、习近平新时代中国特色社会主义重要思想进课堂、进教材、进大学生头脑，还是加强文化、网络、科技、伦理等领域建设，无论是为大学生提供多样的社会实践活动，还是拓宽高校校园文化建设领域等，其出发点和落脚点都是为了大学生能够全面发展，成为社会主义事业的合格建设者和接班人。

3.大学生思想政治教育应服务于大学生的健康成长

大学生思想政治教育要以促进学生成长成才为目标，积极创造条件，为大学生成长成才服务。在做好大学生成长成才教育的过程中，还应关注大学生的心理健康，加强大学生心理健康教育，使其健康成长。

4.大学生思想政治教育应有助于大学生人力资源的开发

随着社会的进步和发展，特别是随着知识经济的到来，科技、文化功能的强化，社会发展越来越依靠人的素质的全面提高，社会将越来越重视人力资源的开发。"我国现代化建设的进程，在很大程度上取决于国民素质的提高和人才资源的开发。"❶要实现这一任务，必须注重人的非智力资源的开发，特别是注重科学管理和思想政治教育等手段。人力资源开发，从根本上讲，就是要制定一系列政策措施极大地调动人的积极性、主动性、能动性，解放人的思想，激发人的创造性，充分挖掘人的潜能，从而全面实现人的价值，使人获得真正的全面发展。

5.大学生思想政治教育应解决大学生遇到的实际问题

随着社会的快速发展，许多现实问题应运而生，大学生同样面临许多现实问题，如高学费造成的贫困问题、网络多元文化造成的价值观多元问题及就业难等问题。如何解决他们的实际困难是高等教育工作的重要任务。这就要求大学生思想政治教育工作者切实了解大学生遇到的实际困难，与他们谈心、沟通，了解他们的心理状态，为其提供帮助。除此之外，高校和社会也应为大学生提供更多的实际帮助以解决大学生面临的问题。

---

❶ 《十五大以来重要文献选编》（上编），人民出版社2000版，第35页。

三、和谐发展的理念

和谐发展追求的是人与人、人与社会、人与自然的和谐。以人为本，促进人的全面发展，是和谐发展的出发点和归宿。和谐社会一直是思想家们梦寐以求的目标。在大学生思想政治教育中，我们必须用和谐发展的理念教育大学生。

（一）古人对社会和谐的追求

孔子提出"和而不同"，强调"和"是多种因素的并存与互补，揭示了和谐的本质特征。老子提出"阴阳冲气以为和"，提出了致和的途径。康有为追求的"大同"，不仅描绘了理想世界的形态，还给出了实现路径。西方古希腊时期毕达哥拉斯是最早关注和谐概念的哲学家，他在对音乐的研究中发现数的一定比例关系可以达到和谐，进而把这种和谐关系演绎到天体和宇宙中，认为"整个天是一个和谐"，宇宙也是一种和谐关系，和谐是对立面的协调。在社会领域中，他提出要实现社会和谐，统治者与被统治者之间应该以爱相待。苏格拉底将目光从自然哲学领域转向对"人性"探讨的社会领域，认为人之所以为人，是因为人除了感觉、欲望之外还有灵魂，能够追求"善"，人有自觉向善的道德本性，可以在理性的基础上确立一种稳定的道德体系，这种道德体系可以维持和谐的社会秩序。到了近代，随着资本主义制度内部矛盾的加剧，人与社会、人与自然的分裂成为不可逆转的现实，那种体现人与社会、人与自然和谐统一的纯朴的美不存在了。于是，在批判资本主义社会弊病的过程中，产生了一些新的和谐思想，如空想社会主义者提出的和谐思想，莫尔的《乌托邦》、康帕内拉的《太阳城》都提出了建立人人平等和幸福美好社会的愿望。圣西门、傅立叶、欧文在对未来社会的设计中，也包含着社会和谐的思想。傅立叶的《全世界和谐》就指出不合理、不公正的资本主义制度将被新的"和谐社会"所取代。但这些思想由于历史的局限，具有空想的性质。

（二）马克思主义的和谐社会思想

马克思在《1844年经济学哲学手稿》中，把共产主义定义为"人和自然界之间、人和人之间的矛盾的真正解决"[1]。他认为，在共产主义社会，阶级差别、城乡差别、工农差别将完全消灭，私有制和社会分工带来的不平等与社会冲突不复存在，人性得以全面解放，人们的创造力获得充分的释放，这样的社会是一个高度和谐的社会。在《共产党宣

---

[1] 《马克思恩格斯全集》第42卷，人民出版社1979年版，第120页。

言》中，他又提出"代替那存在着阶级和阶级对立的资产阶级旧社会的，将是这样一个联合体，在那里，每个人的自由发展是一切人的自由发展的条件"。❶这就是说，每个人都能自由发展，每个人的自由发展与其他人的自由发展不是相互排斥的关系而是一种互为条件的关系。这表明，在社会主义社会，个人与个人、个人与集体、个人与社会是一种和谐的人际关系。这是马克思主义经典作家对社会主义和谐社会的精辟论述。

1.和谐社会是民主法治的社会

在和谐社会中民主应得到充分发扬，依法治国基本方略得到切实落实，各方面积极因素得到广泛调动。在和谐社会里，民主是通过设置合理的各项制度为公民的利益诉求提供充足的表达渠道，为解决利益冲突提供可足够信任的机制，使社会矛盾通过正常渠道得到舒缓和排解。法治是通过合理的制度设计，使整个社会的运转服从于法制的权威，通过法制来保障"人人平等"和人民的民主权利。构建社会主义和谐社会，就是要不断发展社会主义民主政治，建设社会主义法治国家，为改革、发展、稳定从政治上、法律上提供保障，巩固和发展民主团结、生动活泼、安定和谐的政治局面。

2.和谐社会是公平正义的社会

公平正义是社会和谐的基本条件。公平正义使社会各方面的利益关系得到妥善协调，人民内部矛盾和其他社会矛盾得到正确处理，社会公平和正义得到切实维护和实现。社会公平和正义是人类追求美好社会的永恒主题和共同理想，是衡量一个社会是否和谐的重要标准，是评价一种制度文明程度的重要标志，也是社会主义题中应有之义。一个社会只有做到公平正义，才能极大地调动社会成员的积极性、主动性和创造性，从而激发整个社会的活力。

3.和谐社会是诚信友爱的社会

诚信友爱是指全社会互帮互助、诚实守信，全体人民平等友爱、融洽相处。而这一切的实现必然要求全社会有着共同的价值信仰和道德行为规范。建设诚信友爱的社会，必须建设和谐文化，必须坚持马克思主义在意识形态领域的指导地位，牢牢把握社会主义先进文化的前进方向，倡导和谐理念，培育和谐精神，进一步形成全社会共同的理想信念和道德规范，打牢全党全国各族人民团结奋斗的思想道德基础。

4.和谐社会是充满活力的社会

社会活力是社会进步、协调、和谐的基础和条件。在和谐社会中，经济、政治、文化和人本身等各方面的活力都能得以体现和释放。在构建社会主义和谐社会中，我们不仅要全面贯彻尊重劳动、尊重知识、尊重人才、尊重创造的方针，还要营造鼓励人们干事业、支持人们干成事业的社会氛围，从而增强全社会的创造活力。

---

❶ 《马克思恩格斯选集》第 4 卷，人民出版社 1995 年版，第 730 页。

5.和谐社会是安定有序的社会

安定有序就是社会组织机制健全，社会管理完善，社会秩序良好，人民群众安居乐业，社会保持安定团结。安定有序不仅是社会问题，也是政治问题。安定有序发展是社会主义和谐社会的标志性特征，为经济的发展和社会的进步提供保障。因此，在社会主义和谐社会建设中要不断提高我们的治理能力和治理体系现代化水平，不断完善相关的政策法规等。

6.和谐社会是人与自然协调发展的社会

人与自然的和谐主要是指把人和自然放在平等的地位上，在维护人类自身发展的同时，充分尊重自然规律，合理开发、利用自然资源，保护自然环境，维护自然的生态平衡，确保社会系统和生态系统的协调，促进大自然按其自身规律向前发展，实现自然资源的可持续利用，环境优化、生态良好，达到"天人合一"，即人与自然和谐共生。因而，建设社会主义和谐社会也应考虑后代人的发展，兼顾到自然、生态的和谐发展等。

（三）大学生思想政治教育中蕴含和谐发展的理念

在大学生思想政治教育过程中应适应现代社会的发展，以和谐发展理念为指导，使大学生在人际交往、思想政治教育环境、管理机制和理念、文化和谐的氛围中接受思想政治教育。

1.人际交往的和谐

人是社会的人，人类离不开相互之间的交往。随着网络的快速发展，大学生普遍成为网络原住民，但是人是现实中的人，人不能仅生活在虚拟世界中，因而现实中的人际交往仍然很重要。大学生的主要精力是学习，大部分时间在校园里度过，他们对人际交往的关注较少，交往的范围也比较狭窄，有些人表现得相对自闭。这并不利于大学生自身的成长，应加以改变。如何才能改善大学生的人际交往，达到和谐状态呢？

首先，大学生应进行内在调整，要先从自我开始，重新认识自我，尊重自我，接受自我，正视和包容自己的缺陷和不足。其次，待人要诚恳真切，没有人愿意和一个虚情假意的人进行心与心的沟通。再次，要有一颗开放的心，不仅要学会排解自己所遭遇的麻烦，也要培养对自然与社会的好奇心与热情。最后，要努力提升自我，在人际交往中不仅能散发气息感染人，也不至于迷失自我。同时，社会或高校也应对人际交往方面有困难的同学予以帮助，尊重他们，鼓励他们，使他们在人际交往方面达到和谐状态。

2.思想政治教育环境的和谐

和谐环境的营造在大学生思想政治教育中具有重要的意义，它对培养大学生的政治认知、实践能力、分析问题和解决问题的能力以及大学生思想政治素质起着重要作用，是加强和改进大学生思想政治教育系统中不可分割的，起协调、平衡等作用的重要因素。营造大学生思想政治教育的和谐环境，就要从大学生思想政治教育工作的理念和体系、管理体制、教育内容和传统的教育方法的革新、学校内部硬软件建设、教学管理等各个方面建构符合并体现各个构成要素的内在联系，并确保其有效运行，使之成为人们普遍认可并自觉选择的评判标准和行为。

营造和谐的思想政治教育环境应从以下几个方面入手。

一是加强大学生思想政治教育工作队伍建设。这是营造大学生思想教育和谐环境的前提。加强和改善大学生思想政治教育工作是由社会主义高校本质属性决定的，在任何时候和任何条件下都应对其地位给予保障。思想政治教育工作是做人的工作，具有示范和导向作用，好的形象能够增强思想政治教育工作的说服力、凝聚力和感召力，这就要求从事这项工作的队伍应当由素质强、觉悟高、作风硬且具有合理知识结构和丰富工作经验的优秀人才组成。应本着"精干高效"的原则，建立一支能适应新时期大学生思想政治教育工作的高素质的专兼职队伍。

二是提高思想政治教育工作队伍的整体能力和素质。大学生思想政治教育工作者要有驾驭思想政治教育工作的能力，使大学生感到工作是实在的、可信的、真诚的。亲其师才能信其道。这就要求大学生思想政治教育工作者要树立起虚心好学的形象，树立起奋斗者与奉献者的形象，树立起勇于创新的开拓者形象，树立起实事求是的务实者形象。

三是实现多种教育教学方式的和谐。切实改进高等学校思想政治理论课教育教学的方式和方法，使之努力贴近大学生实际，符合教育教学规律、大学生成长规律和学习特点，提倡启发式、参与式、研究式教学，多用通俗易懂的语言、生动鲜活的事例、新颖活泼的形式，活跃教学气氛，启发大学生思考，增强教学效果。❶为顺应时代发展潮流，教师的现代教育技术培训显得尤为必要。教师应充分利用高校资源优势，运用多媒体、网络等现代传播手段，充分重视网络论坛，发挥校园网主阵地的正面效能，建立思想政治教育网络平台，形成正确的校园信息导向。要大力推进多媒体和网络技术的广泛应用，加强校园文化建设，发挥第二课堂作用，努力营造有利于大学生全面成长和发展的和谐环境和氛围。

四是实现理论与实践的和谐。大学生是知识、能力、情操等的主动获取者。大学生是否主动参与，是衡量思想政治教育实效的重要标志。学习是学生认知结构建立、改造和重组的过程，学生是积极意义构建的主体。所以，大学生只有亲身参加思想政治教育实践活动，各种积极因素（包括运用现代信息技术）的调动下激发主动探索的动机、端正主动

---

❶ 温卉、姜宝升：《在改进教法中提高高职思政课教学的有效性》，《科技展望》2017 年第 14 期。

探索的态度、培育主动开拓的精神，才能获得真知。知识来源于实践，大学生的学习虽然主要是接受人类已有的知识，但是实践教学过程要充分利用学生的直接经验，密切联系大学生生活实际、社会生产实际和已有的知识。在大学生学习过程中，要充分利用教具、学具、课件让大学生观察、操作、实验、探索，引导大学生去做、去思考、去练习、去应用、去实践、去探索。知识是人类实践经验的总结，也是人类文明的结晶，大学生学习知识，会应用，会举一反三，会融会贯通，才是真知，才具有稳定性、长效性。

五是实现各种关系的和谐。大学生思想政治教育是高校内部的一个系统工程，它离不开高校师生双方努力，要实现"全员育人、全过程育人、全方位育人"，大学的党团组织和校园文化都应在课堂教学主渠道外发挥重要推动作用。

3.管理机制和理念的和谐

建立和谐的管理机制和理念，把大学生思想政治教育融于高校管理之中，建立长效工作机制，使自律与他律、激励与约束有机地结合起来，有效地引导大学生思想和行为的方向。要实现管理机制和理念和谐，就是要努力做到以下几点。

一是要明确加强和改进大学生思想政治教育的主要任务，把和谐管理体现在实际工作的指导思想、基本思路和工作方法之中，体现在实际的工作成效上，既注重大学生的全面发展，又重视大学生个性和特长的发挥，将人性化与制度化管理有机地结合起来，切实提高大学生思想政治教育的感染力、影响力和实效性❶。

二是大学生思想政治教育管理要实现从传统管理向现代管理的转变，建立开放务实的管理机制，做到思想政治教育的管理决策、管理权力、管理运作、管理方法、管理责任、管理利益一体化。要学习和借鉴国外优秀的德育管理经验和方法，实行开放式管理，把民主性管理与制度性管理、自律性管理与他律性管理有机统一起来。

三是大学生思想政治教育管理要运用现代工程建设的办法来抓。大学生思想政治教育本身就是一项系统工程，我们可以借鉴工程建设中的科学程序与办法来抓好大学生思想政治教育管理。

四是大学生思想政治教育管理应实行责任制。大学生思想政治教育是精神文明建设的基础性工程，必须坚持重在建设的方针，要抓好落实，这就首先要求责任到位。在大学生思想政治教育管理中，应把管理的各个环节具体规划并加以分解，具体落实到每一个基层组织，做到思想政治教育管理权力、任务、投入、利益、效果都责任到人。

五是注重培养高素质的思想政治教育管理人才。当代大学生思想政治教育应注重培养人才，善用人才，重用人才，尤其要建设好一支富有创新精神和懂得现代管理与网络技术

❶ 王顺、王凤肆：《和谐管理理论在教学活动中的应用》，《信息系统工程》2016年第5期。

的高素质的思想政治教育队伍。当前最为重要的是抓稳定、优培养、重选拔、严管理，在培养思想政治教育管理人员素质上下功夫；解决好思想政治教育管理工作者待遇、职称、地位问题，要采取切实措施，建立有效的激励和保障机制，举贤选能，把有敬业精神和较高素质的思想政治教育工作者加以重点培养，各级党组织、教育行政管理部门和各高等学校都要高度重视大学生思想政治教育管理人才队伍建设，保证他们应有的待遇，维护他们的威信，提高他们的地位。

4.文化的和谐

文化的和谐是我国构建社会主义和谐社会的重要组成部分，也是构建我国和谐社会的思想基础。在多元化发展的背景下，大学生思想政治教育工作必须有清醒的文化价值立场，从开展和谐文化建设的视野思考大学生思想政治教育工作。

一是加强社会主义意识形态教育，用社会主义核心价值观引领大学生文化生活方式。文化的要义在于提升文化品位，丰富心灵境界，这与思想政治教育育人的宗旨相契合。大学生思想政治教育工作的关键是促进大学生接受与认同属于意识形态核心成分的社会价值规范。思想政治教育的过程主要是人文的过程。文化多元化背景下大学生思想政治教育必须不断强化社会主义意识形态。

二是既要坚持先进文化的前进方向又要努力发挥多种文化的作用。我国社会主义和谐文化建设坚持先进文化的前进方向是坚持一元主导与多样发展的统一。大学生思想政治教育的文化属性规定了自身必须对和谐文化建设的原则做出合理借鉴，确立清醒的文化价值立场。文化的一元性与多元性的关系，反映在大学生思想政治教育领域就是要坚持社会主义意识形态的一元主导与多元共存的辩证统一。大学生思想政治教育必须摒弃"训导观"，倡导"指导观"❶，绝不能回避多元化文化中存在的多元价值观，应当指导大学生在对各种价值取向与道德规范的社会价值进行分析、比较与鉴别的基础上，自主、合理地选择真正符合时代要求的价值观。大学生思想政治教育必须利用现代教学手段，掌握多种文化传媒渠道，不断加强对思想政治教育环境的监测，主动接纳各种不同文化的辐射，引导当代大学生参与主流文化、精英文化、通俗文化之间的交流。这是文化多元化背景下和谐文化建设过程中大学生思想政治教育的重要使命。

四、素质教育的理念

素质教育是依照受教育者身心发展和社会发展目标的需要，以全面提高全体受教育者

---

❶ 张芳：《罗杰斯人本主义教育观视域下大学生思想政治教育的新思路》，《世纪桥》2009年第9期。

的基本素质为根本目的，以尊重受教育者主体性、个性化发展，注重人的创新能力培养，为受教育者的终身学习打下良好基础为特征的教育。

（一）素质教育的特征

素质教育是一种价值教育，以实现人的全面发展为目标。它具有以下几个方面的特征。

一是具有社会性。素质教育过程中是离不开社会的政治、经济、文化等因素而孤立存在的，必须放到社会大系统中进行。素质教育也是按照社会的要求、依照教育对象自身发展的特点去培养人、塑造人。在社会主义社会中，素质教育必须按照社会主义教育方针的要求，培养德智体美劳全面发展的社会主义建设者和接班人。

二是具有全体性。素质教育的目标不是哪一部分人，而是面向全民族，是提高全民族的整体素质。学生是我国未来社会的接班人和建设者，面向全体学生实行的素质教育不仅是教育机会均等的体现，也是我国全体公民素质提高的必然要求。素质教育不是一种英才教育，它要求每个学生都要在自己原有的基础上和他们天赋允许的范围内充分发展，它不仅着眼于当前的社会需要，更注重未来社会和人类发展的需要。

三是具有全面性。素质教育的目标不是人的某一方面的发展，而是人的综合、全面发展。目前，我国素质教育体现出的人的全面发展主要表现为人的德智体美劳全面发展。

四是具有个性化和主体性。现代社会是多样化的社会，需要各类型人才。因而，素质教育在培养人的过程中不仅注重了人的个性化发展，还体现主体性特点。个性发展是学生自身发展的落脚点和最终体现，素质教育不满足于每个人一般的、共同的发展，而是根据人的千差万别的自然本性，鼓励并积极创造条件促进其个性的发展，同时有效地引导他们，激发其主动性、创造性。每位学生在学校里都受到同样的重视，学生的不同特点都受到尊重，并且主张在课程设置、教学形式、评价方式等各个方面为学生的个性发展创造条件。

五是具有创造性。社会的发展需要大批具有开拓精神和创新能力的人才。要培养学生独立思考的意识，探索真理的志向，提高学生自主学习的能力。素质教育是基于人的全面发展，在人的各方面素质互相促进而使人的综合素质得到提高的理论基础上，突出强调人的"创新能力和实践能力"的培养。素质教育是面向大众的，目的是提高人的基本品质。但要全体学生都具有创新精神和创新能力，事实上也是做不到的，因此，创新教育是比素质教育层次更高的一种教育思想。

（二）大学生思想政治教育中蕴含思想政治素质教育

全面有效地实施素质教育的灵魂主要在于对大学生进行思想政治素质教育。必须全面贯彻党的教育方针，不断增强对大学生的爱国主义和集体主义、社会主义思想教育。对大学生进行思想政治素质教育，要努力做到以下几点。

一是要拓展大学生思想政治素质教育的内容。加强社会主义和爱国主义教育，教育大学生树立爱国主义、集体主义、社会主义思想，树立忠诚和热爱社会主义祖国的信念和行为品质；树立一切言论行动以合乎广大人民群众的利益为最高标准的思想观念；加强共产主义道德教育，教育大学生树立共产主义理想和共产主义道德思想，提高共产主义觉悟；加强党的基本路线教育；加强国情教育；加强马克思主义基本理论教育，引导大学生努力学习和掌握马克思主义的立场、观点和方法，提高分析问题、解决问题的能力，逐步树立共产主义崇高理想和世界观；加强新时代思想理论教育，用科学理论武装学生头脑。

二是要丰富思想政治教育的形式，努力开创思想政治教育的新局面。认真落实思想政治教育在素质教育中的首要地位，坚持用马列主义、毛泽东思想、邓小平理论特别是习近平新时代中国特色社会主义思想武装广大学生；抓住思政课教学主渠道，探索大学生思想政治素质培养的途径；不断加强和改进日常思想政治教育，在教育的实效上下功夫；不断加强校园文化建设，创建积极、健康的校园文化氛围，发挥校园文化在育人中的作用；不断加强形势与政策教育，正确认识国际国内形势，了解党的路线，了解国情民情，准确把握党和国家的各项方针、政策；高度重视教育与生产劳动相结合，教育学生积极参与社会实践活动，正确认识与劳动人民的关系，增强与劳动人民的感情，走与劳动人民相结合的道路；不断加强大学生心理素质和心理健康的教育等。

三是探索大学生思想政治素质培养的新方法。把现代化教学手段引入思想政治理论课的教学之中。不仅要在内容上突出党的指导思想，紧密联系新的改革实践，紧扣时代发展脉搏，而且要在方式和手段上适应新技术革命引发的现代信息传播方式的深刻变革❶；改革考试方法，注重学生的日常表现；在专业课教学中也要渗透思想政治教育内容，与思政课同向同行、体现育人功能；加强思想政治理论课教学队伍建设等。

---

❶　王云景:《加强和改进大学生思想政治教育提高大学生思想政治素质》,《胜利油田师范专科学校学报》2001 年第 2 期。

第二节　大学生思想政治教育的指导思想与基本原则

随着改革开放的不断深入，新的时代背景和社会环境对当代大学生的思想产生了强烈冲击，原有的思想观念受到质疑甚至被抛弃，大学生思想政治教育面临诸多困难和挑战。但大学生的主流思想是好的，我们不需要盲目夸大这种危机影响。为了更好地对大学生进行思想政治教育，必须构建大学生思想政治教育的科学体系，而这种科学体系的构建首先就要确定指导思想和基本原则。

一、指导思想

（一）坚持以理想信念教育为核心

理想是人们在实践的基础上形成的、有实现可能性的、对未来社会和自身发展目标的向往与追求，是人们的世界观、人生观和价值观在奋斗目标上的集中体现❶。理想一旦形成，就成为鼓舞人们前进的巨大动力。理想包括社会理想和个人理想。社会理想和个人理想密切联系，其中社会理想是理想的核心，居于最高层次，并制约着个人理想；个人理想是社会理想的具体表现。信念是人们在一定认识的基础上确立的对某种思想或事物坚信不疑并身体力行的精神状态，信念是认知、情感和意志的有机统一体，为人民矢志不移、百折不挠地追求理想目标提供了强大的精神动力❷。信念往往是具体的，一旦它成为人的一定的总体性、普遍性的观念和态度时，信念就成为信仰。

理想信念是人类特有的精神现象，是人的精神世界的核心，是人精神上的"钙"。没有理想信念，或理想信念不坚定，精神上就会"缺钙"，就会得"软骨病"。一个人精神上"缺钙"，就容易空虚甚至陷入精神荒漠，既不可能感受精神生活的丰满充实，更不可能承担时代所赋予的历史重任。追求远大理想、坚定崇高信念，是大学生健康成长、成就事

---

❶　本书编写组：《思想道德修养与法律基础》，高等教育出版社 2018 年版，第 29 页。
❷　同上，第 30 页。

业、开创未来的精神支柱和前进动力。对大学生进行理想信念教育，是我们党历代领导的共识。

1.理想信念教育是大学生思想政治教育的"灵魂"

首先，理想信念教育决定着思想政治教育的性质，是社会主义现代化建设顺利进行的可靠保证。新时代大学生应当确立马克思主义的科学信仰，树立共产主义的远大理想和中国特色社会主义的共同理想。当下大学生的理想信念教育，主要应以马克思主义为指导，以爱国主义、集体主义、共产主义和科学的世界观、人生观和价值观等教育内容为主。通过理想信念教育，使大学生真正从思想上信仰马克思主义，拥护中国共产党，拥护社会主义制度，坚持改革开放。

其次，理想信念教育的成败决定着思想政治教育的成败。大学生思想政治教育，就是要使大学生接受我们党的政治主张和政治信仰，使我们党的理想成为他们的共同理想。因此，衡量大学生思想政治教育的成败就是看党的政治主张、政治信仰和共同理想是否为广大大学生所认同和接受。通过马列主义理论、社会主义和共产主义思想、集体主义和爱国主义等的教育，能够增强大学生对我国社会制度的认同，能使他们更坚定地坚持改革开放，坚持社会主义道路，并愿为实现共产主义而努力奋斗，那么，大学生思想政治教育就完成了它的历史使命；否则，思想政治教育就一定是失败的。

2.理想信念是精神之"钙"，是大学生思想政治教育所要达到的最根本目的

理想指引方向，信念决定成败。没有理想信念的人生，就像失去了方向和动力的小船，在生活的波浪中随处漂泊，甚至会沉没于急流之中。大学期间，大学生不仅要提高知识水平，增强实践才干，更要坚定崇高的理想信念。新时期，大学生思想政治教育的根本目的就是要帮助大学生树立科学的"三观"，让大学生在今后的生活中有方向、有目标、有动力。要实现这一目的，就必须坚持不懈地用马克思主义、毛泽东思想、邓小平理论、三个代表、科学发展观和习近平新时代中国特色社会主义思想武装学生，深入开展党的基本理论、基本路线、基本纲领和基本经验教育，开展中国革命、建设和改革开放的历史教育，开展基本国情和形势政策教育。通过这些教育，帮助大学生树立崇高的理想和科学的信念，使他们对国家的前途有清醒的认识，对社会的善恶、美丑有准确的判断，对自身的社会责任有明确的认识，进而确立在中国共产党领导下坚持走中国特色社会主义道路、实现中华民族伟大复兴的共同理想和坚定信念。

（二）坚持以爱国主义教育为重点

爱国主义是一个国家、民族的社会成员在长期共同劳动、共同生活中所形成和巩固起

来的一种对祖国、民族极其忠诚和热爱的思想道德情感的升华，是民族精神的核心，是社会成员处理个人与国家、民族关系的最基本的思想道德准则，是形成全民族向心力、凝聚力的一面旗帜❶。实现中华民族伟大复兴，必须坚定不移高举爱国主义伟大旗帜。"天下兴亡，匹夫有责"，热爱祖国是中华民族的光荣传统。1840年鸦片战争以后，古老中国积贫积弱，内忧外患接踵而至，民族苦难空前深重，爱国主义传统在争取民族独立、振兴中华的奋斗中得到继承和弘扬，爱国主义精神在时代进步洪流中得到丰富和发展，爱国主义旗帜始终在民族复兴征程上高高飘扬。

不同的历史时期，爱国主义表现出不同的内涵。从贾谊的"国而忘家，公而忘私"，到范仲淹的"先天下之忧而忧，后天下之乐而乐"；从顾炎武的"天下兴亡，匹夫有责"，到林则徐的"苟利国家生死以，岂因祸福避趋之"；从孙中山第一个喊出的"振兴中华"，到邓小平的"我是中国人民的儿子，我深爱着我的祖国和人民"，这些都是中华民族爱国主义的突出表现，是中华民族生生不息的不竭动力，是每个中国人成就伟大人格的根本所在。它们在维护祖国统一和民族团结，抵御外来侵略和推动社会进步的过程中都发挥了积极的作用。在现阶段，维护祖国统一，加强民族团结，实现中华民族的伟大复兴，就是爱国主义的基本内容。在新的历史条件下，加强爱国主义教育，对于振奋民族精神，增强民族向心力和凝聚力，团结全国各族人民自力更生、艰苦创业，为建设中国特色社会主义伟大事业和实现中国梦而奋斗，有着重要的历史和现实意义。

大学生是有理想、有文化的特殊群体，是中国特色社会主义建设的栋梁之材和主要力量，是国家和民族的希望，社会主义现代化建设的宏伟蓝图将由他们去绘制、去实现。他们爱国情感的强弱将直接关系到社会能否进步和发展，关系到整个国家和民族的前途和命运。因此，必须把爱国主义作为大学生思想政治教育的一项重要内容来抓，以增强他们的民族自豪感、自尊心、自信心和自强精神，增强他们的爱国热情和报效祖国的决心。中国共产党历来高度重视对大学生进行思想政治教育，引导他们在国家建设和发展中积极、健康地成长。而加强大学生思想政治教育，就是要深入开展中华民族的优良传统和中国革命传统教育，开展各民族平等团结教育，培育团结统一、热爱和平、勤劳勇敢、自强不息的精神，树立民族自尊心、自信心和自豪感。同时，要把民族精神教育与以改革创新为核心的时代精神教育结合起来，引导大学生在中国特色社会主义事业的伟大实践中，在时代和社会的发展进步中汲取营养，培养爱国情怀、革命精神和创新能力，始终保持艰苦奋斗的作风和昂扬向上的精神状态。

---

❶ 毛振军：《21世纪中国大学生思想教育科学体系构建研究》，天津科学技术出版社2013年版，第65页。

（三）坚持以思想道德建设为基础

思想道德建设是社会主义精神文明建设的基础，也是大学生健康成长和全面发展的基础。大学生是祖国的未来和民族的希望，加强大学生的思想道德建设，不仅是对马克思主义关于社会意识能动作用原理的自觉运用，也是社会主义现代化建设的重要保证，更是帮助和引导大学生健康成长、促进大学生全面发展的重要保障。

重视大学生的思想道德建设是我们党的优良传统。1985年颁布的《中共中央关于教育体制改革的决定》就明确提出要培养"有理想、有道德、有文化、有纪律"的"四有"新人的目标。大学生是祖国的花朵，他们在刻苦学习的同时，更要以极高的思想政治觉悟和道德情操为指引。为此，2001年中央又颁布《公民道德建设实施纲要》（中发〔2001〕15号），进一步强调公民道德建设内容应以为人民服务为核心，以集体主义为原则，以诚实守信为重点，广泛开展社会公德、职业道德和家庭美德教育，以个人品德为着力点，引导大学生自觉树立遵纪守法、明礼诚信、团结友善、勤俭自强、敬业奉献的基本道德规范。而加强大学生思想道德建设，帮助他们树立正确的人生观和价值观是一项长期、复杂而又艰苦细致的工作，我们只有立足现实，根据大学生思想道德状况的现实特点，把理论与实践紧密结合起来，才能事半功倍，收到明显的成效。

（四）坚持以人为本，贴近实际、贴近生活、贴近学生

以人为本，是科学发展观的本质与核心，就是要坚持以人为中心，把人摆在第一位，以促进人的全面发展。高校是社会的有机组成部分，是造就有理想、有道德、有文化、有纪律的，德智体美劳全面发展的社会主义建设者和接班人的重要场所。大学生思想政治教育的根本任务就是启发大学生的自觉性，调动大学生的积极性，激发大学生的创造性，这就要求大学生思想政治教育要以人为本，更多地关注大学生的需要，更好地尊重大学生、关心大学生，一切要以大学生为本，"一切为了大学生，为了一切大学生，为了大学生一切"，弘扬大学生的主体性和价值性；把大学生的健康人格、自由、平等、幸福和全面发展作为思想政治教育的终极关怀，培养大学生公平、宽容、诚信、自主、自强、自律的自我意识和观念。

大学生思想政治教育在坚持以人为本的过程中，必须贴近实际、贴近生活、贴近学生，来增强大学生思想政治教育的实效性。要使思想政治教育更好地贴近实际、贴近生活、贴近大学生，就必须要在遵循思想道德建设普遍规律的同时，适应大学生身心发展的特点和规律，从一切为了大学生成长、成才的角度，深入了解大学生，倾听大学生的意见和建议，从他们最关心的问题入手，以情动人、以事感人、以理服人，善于用事实说话，

用典型示范，用榜样引导，用大学生熟悉的语言和喜闻乐见的方式开展教育活动，使大学生在此过程中不断提高思想道德水平和思想政治素质❶。具体地说，贴近实际，就是要从高校现有师资、大学生素质、教学条件等实际出发来部署大学生思想政治教育工作，按教育要求、目标等实际需要来推进工作，以实际效果来检验工作。贴近生活，就是要经常深入大学生的学习、生活和课外活动之中，始终把工作重点对准生活，关注生活细节，聚焦生活场景，使大学生思想政治教育更加入情入理，充满生活色彩，富有生活气息。贴近大学生，就是要扎根于大学生之中，把握他们的思想脉搏和行为习惯，了解他们的工作、学习和生活，关心他们的心理、学习和生活等方面的困难和问题，以"一切为了大学生，为了一切大学生，为了大学生一切"为思想政治教育的出发点，为大学生诚心诚意办实事，尽心尽力解难事，实心实意做好事。

二、基本原则

大学生思想政治教育科学体系的建构需要有相应的基本原则，亦即大学生思想政治教育基本准则。

（一）以人为本原则

大学生思想政治教育的"以人为本"原则，是指思想政治教育以具有需要、追求主体性发挥的现实的人为出发点，通过关照人的需求，尊重人、理解人、发展人，不断激发人的主体性，使受教育者自觉以教育目标的标准提升思想道德素质，从而达到思想政治教育目的的基本准则。具体包含以下含义。

1.现实的人是思想政治教育"以人为本"的出发点

在进行思想政治教育时，面对的教育对象是生活于现实生活世界中的人，他们不是被动接受理论灌输、空洞说教的道德容器，而是有各种需要、有思想情感、追求主体性发挥和价值实现的活生生的个体。

2.满足人的合理需要是思想政治教育"以人为本"的动力

人的所有实践活动必须遵循两个尺度，一个是物的尺度，即客观事物的本质及其规律性；另一个是人的内在尺度，即人本性的需要。人总是将自己的需要倾注于对象之中，从而实现自身的本质力量。整个人类发展历史表明需要在可能性上构成实践发展的动力，实践则将这种可能性转化为现实。❷开展思想政治教育活动，也要以物质利益为基础，凭借

---

❶ 黄国庆：《坚持"三贴近"提升高校思想政治理论课教学魅力》，《现代商贸工业》2015年第9期（下）。
❷ 牟成文：《论马克思的社会观及其现实意义》，《当代世界与社会主义》2009年第2期。

一定的社会环境和物质手段，引导和帮助人们解决思想问题，使教育对象从与他们最切身的利益要求的满足中，逐步走到对各种思想理论的接受上。

3.全面发展人是思想政治教育"以人为本"的最终目的

"思想政治教育是一项有意识、有目的、有计划的教育人、培养人和提升人、促进人的全面发展的实践活动。"● 人的发展和完善是历史发展的必然归宿，也是思想政治教育坚持"以人为本"原则最本真的意义。"以人为本"，是"人的各种潜能素质的充分发展、人的个性的丰富完整、人的本质力量的充分显现。人的发展是一个不断由片面到全面的过程"● 。具体来说，"人的全面发展过程就是人的主体意识不断强化、人的主体性不断提升、劳动能力不断提高、社会关系不断丰富、综合素质不断完善的过程"。● 大学生思想政治教育只有促进并服务于大学生的全面发展，才能找到其准确方向，才能受到大学生的认可和接纳，使他们自觉参与思想政治教育活动，充分发挥自身的能动作用，实现思想政治教育与人的全面发展和谐共进。

（二）实效性原则

大学生思想政治教育的实效性，是指大学生思想政治教育的现实成效是否符合大学生思想政治教育的期望成效，是否能对受教育者的思想观念产生深刻、持久的影响，对其思维方式与行为方式产生深远的影响。

沈壮海在2016年对全国35所高校大学生思想政治状况的调查中发现，大学生总体上人生态度积极，具有较强的奉献精神，对社会主义核心价值观的认知情况较好，道德意愿强烈，具有较强的道路自信、理论自信、制度自信和文化自信，对党的认同度较高，学习和传承中华文化的意愿较强。但也存在不同大学生群体之间思想政治素质差异明显、大学生思想政治观念易受社会环境影响等问题● 。沈树永对800名民办高校大学生做的调查也显示，有56%的同学说"自己没有信仰"，有45%的同学说"易受外界引诱，迷恋网络游戏甚至上瘾"等● 。可见，大学生思想政治状况在总体较好的情况下仍有不少问题。

随着高校招生规模的扩大，就业难度逐渐增加，不少学生把入党作为未来找工作的筹码，部分学生诚信失范现象较为严重，不守时、考场作弊、不按时还贷等现象时常发生。

● 邱伟光：《思想政治教育学原理》，高等教育出版社 1999 年版，第 33 页。
❷ 李德顺主编：《价值学大词典》，中国人民大学出版社 1995 年版，第 63 页。
❸ 骆郁廷、王若飞：《也谈思想政治教育要以人为本》，《武汉大学学报（人文科学版）》2004 年第 6 期。
❹ 沈壮海、肖洋：《2016 年度大学生思想政治状况调查分析》，《思想政治教育研究》2017 年第 1 期。
❺ 沈树永：《民办高校"00 后"学生思想行为特点分析及应对策略》，《上海建桥学院学院》2019 年第 2 期。

从大学生思想政治教育中的课堂教育来看，其实效性缺失主要表现为以下几个方面。

1.课堂教学质量不高导致学生获得感不足

由于思想政治理论课课堂教学实效性与立德树人的根本任务以及党和国家赋予我国大学生思想政治教育的特殊地位还不匹配，与其作为高校公共基础课核心课程的定位还不匹配，与新时代青年学生思想成长特点和发展需要还不匹配❶等，以及思想政治理论课的针对性不强、教学方法老套和讲授内容不足等现象的存在，造成思想政治理论课课堂如今教学质量不高、学生获得感不足等情况。

2.课堂氛围散漫导致学生信仰度不高

思想政治理论课在课堂教学过程中出勤率不高、抬头率不高、互动率不高几乎是普遍现象，学生普遍不太重视，因而课堂上经常玩手机、做作业或干别的事情。

3.思想政治理论课重视度不够

近年来，随着党和国家对高校思想政治理论课的高度重视，思想政治理论课教学和科研投入持续加大，但同其他专业基础课相比，思想政治理论课教学和科研投入明显不足，严重影响了教学质量。

4.思想政治理论课教材对学生吸引力不强

思想政治理论课教材在内容设置上，虽符合学术研究的逻辑性和国家政策的宣传，但可读性较弱，缺乏生动性，没有鲜活的案例和数据论证，说理性不足，学生容易产生厌倦感。同时，对学生关注的现实问题缺少关切，吸引力不足。

第三节　大学生思想政治教育的目标

随着经济和社会的发展，科技和教育地位凸显。随着全球范围内的信息产业的进步，高等教育发展迎来了良好机遇，同时也面临严峻的挑战。高等教育要造就有理想、有道德、有文化、有纪律，德智体美劳全面发展的社会主义合格建设者和可靠接班人，必须重视大学生思想政治教育。要使大学生思想政治教育真正落到实处，收到实效，就必须遵循党的教育方针，根据经济发展与社会进步对人才素质的要求，从大学生思想道德水平和政

---

❶　汤玲：《改进高校思想政治理论课教学的三个着力点》，《红旗文稿》2017 年第 9 期。

治素质的实际出发，确定大学生思想政治教育目标，充分发挥其在大学生思想政治教育过程中的导向作用。

一、确立大学生思想政治教育目标的意义

（一）开展大学生思想政治教育活动的前提

只有构建并确立大学生思想政治教育目标，才能依照目标的要求来确定教育的内容、实施的途径方法，遴选合适的实施执行者，安排合理的时间和必要的制度，才能制定出思想政治教育体系的具体任务，使大学生思想政治教育工作者和大学生的双向互动机制有目的、有计划地进行；才能引领大学生思想政治教育行为向着一个明确的方向发展，大学生思想政治教育的成效才能有科学客观的评价标准。

（二）提高大学生参与思想政治教育活动自觉性的关键

由于目标具有导向性和可测性，目标一旦确立后，就会显示出明确的发展方向和社会价值，使大学生思想政治教育工作者与大学生都能从中感受到目标实现所带来的人才效应及精神需要的满足，从而使目标产生导向和激励效应，激发和推动人们自觉、积极地为实现目标而奋斗。

（三）检验大学生思想政治教育效果的重要依据

大学生思想政治教育目标具有双重功能，它既是大学生思想政治教育活动的起点，又是大学生思想政治教育活动的终点。目标在大学生思想政治教育过程中所处的这一特殊地位，使它成为评估大学生思想政治教育效果指标的依据。一般而言，目标比较原则和抽象，但只要具体化为一系列定性与定量的指标，就能评定大学生思想政治教育的实际效果，从中检验出教育活动的过程是否正常运行，是否偏离目标所指引的方向。同时，以大学生思想政治教育目标为依据，还可以从评估指标中测出预期的教育效果是否达到以及达到的实际程度。

二、大学生思想政治教育目标分析

大学生思想政治教育目标具有一定的层次性和系统性，它融于整个社会主义精神文明

建设的大系统中，反映大学生身心健康成长各方面的相互影响、相互作用，形成了外在结构和内在结构的大系统❶。

（一）大学生思想政治教育目标的外在结构

大学生思想政治教育是社会主义精神文明建设的一个重要组成部分，它是社会主义政治、思想、道德等社会意识形态在大学生个性心理中的内化，并在大学生德智体美劳等方面的发展中起重要指导作用。因此，社会意识形态、大学生个性心理品质教育、大学生智育、体育、美育、劳育等对思想政治教育的影响，是认识思想政治教育内容不可缺少的重要因素。可以把它们看成大学生思想政治教育目标系统外的环境因素，构成大学生思想政治教育目标的外在结构。

1.社会意识形态

我国大学生思想政治教育以马克思主义、毛泽东思想、中国特色社会主义理论为指导，以辩证唯物主义和历史唯物主义决定大学生思想政治教育的根本观点、全部过程和所有工作。在大学生思想政治教育的目标内容中，科学世界观和方法论的形成是基础，它决定或制约着社会主义的人生观、价值观、道德观的形成。政治思想是经济基础、阶级利益关系最直接最集中的反映和表现。政治思想在社会意识形态中处于主导地位，并对其他形式的社会意识起着直接的、全面的、重大的制约影响作用，同样也对思想政治教育特别是对思想政治教育目标和内容起着直接、全面、重大的制约和影响等作用。在社会主义社会，共产主义思想在意识形态领域处于指导地位，它对社会主义思想政治教育目标、内容以致整个过程都发挥着直接、全面、重大的制约影响作用。

道德观念制约影响着思想政治教育目标的基本内容。在社会主义社会，集体主义是思想道德建设的核心，它对思想政治教育内容中的人生观、价值观，包括苦乐观、荣辱观、义利观等各方面目标内容，都起着核心枢纽作用。

科学是社会意识的一种基本形式，也是影响大学生思想政治教育目标内容的一个基本方面。社会主义新人，要求具有现代科学知识、科学精神、科学素养，形成现代科学思维方式，这是形成正确思想政治教育观的重要基础。

2.智育、体育、美育、劳育

思想政治教育与智育、体育、美育、劳育统一于培养人的活动之中，它们相互渗透又相互制约。

首先，它们统一于培养人的活动之中，存在于教育的整体结构之中。其次，它们又是

---

❶ 毛振军：《21世纪中国大学生思想教育科学体系构建研究》，天津科学技术出版社2013年版，第79页。

相互渗透的，智育、体育、美育、劳育之中包含思想政治教育的因素。最后，它们之间是相互制约和促进的。人的体质、智力、品德、美感之间是对立又统一的。只有思想政治教育与体育、智育、美育、劳育配合进行，才能彼此促进，培养出符合社会需要的、在德智体美劳诸方面都能得到发展的社会主义新人。

3.个性心理品质教育

个性心理品质教育和思想政治教育之间关系很复杂。个性心理品质一方面受到一定社会政治、思想、道德、规范的制约，另一方面又是形成政治、思想、品质的基础，政治品质、思想品质与道德品质只有与个性心理品质融合，才会根深蒂固。思想政治教育过程本身就是内化与外化相结合的过程。外部的政治思想及道德要求，只有内化为个体的知、情、意，才能外化为其行为。

（二）大学生思想政治教育目标的内在结构

在当代中国，大学生思想政治教育的基本内容包括社会主义的道德教育、政治教育、思想意识教育三个部分。社会主义道德教育处于基础性层次，政治教育处于中等层次，思想意识教育则处于最高层次。低一级层次上的教育要以高于它的层次上的教育为指导，高一级层次的教育要以低于它的层次上的教育为基础。

道德教育是以社会主义、共产主义的道德准则和规范教育大学生的，具体包括调整社会生活中人我、群我关系以及人与自然的物我关系的道德准则和规范的教育，调整社会公共生活、职业生活、婚恋家庭生活的道德准则和规范的教育，以为人民服务为核心的社会公德、国民公德、人道主义、集体主义四个层次道德的教育以及谦虚、谨慎、自尊、自爱、自强、惜时、守信、诚实、正直、勇敢、勤劳、俭朴等优秀品德的培养。

政治思想是社会政治关系和人们物质利益的反映和表现。在阶级社会里，各阶级都非常重视用本阶级的政治思想及其体现的政治规范教育人，以维护其政治经济利益。在社会主义中国，现阶段的政治教育包括党的基本理论、基本路线、基本纲领的宣传教育，科学发展观教育，社会主义、爱国主义教育等内容。

在社会主义社会，思想意识教育特指科学世界观教育，马克思主义基本立场、观点、方法教育，核心是共产主义理想教育，具体包括科学人生观教育，无神论教育，辩证唯物主义世界观、方法论教育和理想教育等。

大学生思想政治教育的三方面内容是相互联系、三位一体的，它们所追求的大学生政治素质目标、思想素质目标和道德素质目标组成了大学生思想政治教育目标的有机体系，形成了大学生思想政治教育目标的内在结构。

三、大学生思想政治教育目标

（一）大学生思想政治教育目标的内涵

"大学生思想政治教育目标，就是大学生思想政治教育所要达到的预期结果或总体质量标准。"[1]新时期大学思想政治教育目标，就是培养具有良好道德素质、社会主义思想观念、正确行为实践的建设人才。具体来说，就是以马克思主义为指导思想，坚定拥护社会主义制度，坚定拥护国家的方针、政策、路线等，这也是与资本主义国家思想政治教育的最大区别[2]。

当代大学生思想政治教育的目标应该在科学定位的基础上，同时关注我国已发生巨大改变的社会实情。丰富多彩的社会环境，使得高校大学生思想发展呈现多元化特点。只有创新教育目标，才能满足大学生丰富的思想要求。大学生思想政治教育目标主要包括以下内容。

1.培养社会主义思想品德是首要目标

从这个意义上来说，必须对大学生灌输社会主义理论，从思想上提高大学生的觉悟以及道德水平。

一是要引导大学生学习与掌握党在新时期的基本路线、方针与政策，培养大学生坚定中国共产党领导和坚持党的基本纲领的决心与意志。

二是要引导大学生理解与掌握马列主义和一系列中国特色的社会主义理论，从而掌握认识世界的科学世界观和改造世界的科学方法论。

三是要鼓励大学生积极参与社会实践，多了解我国的国情，客观分析国际、国内形势，明确历史赋予自己的时代使命。

2.塑造理想的社会主义人格思想

塑造理想的社会主义人格思想，即在思想观念、道德品质、心理素质和行为方式上与中国社会主义市场经济体制相适应的人格。

一是具有积极的进取精神，勇于挑战，敢于参与竞争，培养适应社会发展的能力。

二是具有良好的创造性，通过深入探索，大胆提出新见解，并积极努力寻求解决方法。

---

[1] 曾萍、郑永廷：《论大学生思想政治教育目标及其发展》，《学校党建与思想政治教育》2010年第28期。

[2] 张倩倩：《大学生思想政治教育目标实现途径研究》，长春理工大学2017年硕士学位论文。

三是通过不断寻找与探索新问题，实现自我超越，使思想行为跟随社会的发展而不断发展❶。

3.科学引导行为实践

从思想上培养大学生正确认识环境的能力，使其能在任何环境下选择正确的行为方式。通过思想政治教育，引导大学生积极践行真、善、美的行为准则。当代大学生面对的是转型时期千变万化的社会现实，社会环境非常复杂，仅仅依靠大学生本身的努力，很难分辨行为实践是否符合社会发展的科学规律。因此，一方面要对大学生进行有效的指导，另一方面要培养大学生努力发展适应与科学改造社会环境的能力。

（二）大学生思想政治教育目标的合理性分析

1.符合社会发展需要和人才成长需求

在知识经济时代，科技是第一生产力，它要求人们不断反省自身，超越现实，进行知识创新、技术创新和生产创新。时代呼唤创新型人才大量涌现。在这样的社会转折期，新旧道德、价值观念激烈碰撞，必须慧眼识真，在碰撞中把握时代的主旋律。现代化的大生产，知识的普遍应用，网络时代的到来，意味着当今时代越来越多的纽带把人们紧密联系在一起，极端个人主义、自私自利必将碰得头破血流，而合作精神、协调理念、集体主义、为人民服务才能成为时代的主旋律。在激烈的市场竞争、知识竞争、人才竞争中，时间、效率、竞争、开放、信息、法制观念和开拓进取精神以及乐观向上、务实求真的生活态度，勇于竞争、不怕挫折的顽强意志，自信、坚韧、果断、机敏、谨慎、热情等的心理品质，都是不可或缺的。创新、合作、协调、反省、超越、进取、务实的品质是现代社会的需求。

中华民族正处在和平崛起的伟大时代，这是一个需要人才也是人才辈出的时代。大学生大多渴望成才，报国立业。然而他们的成才需求绝不是传统性的，而是现代性的；不是整齐划一的，而是变化多样、富有个性化发展色彩的。无论外在适应，还是内在提高，健康完善型人格的培养都是符合人才成长需求的理性选择。而人才的个性化发展，必须以宽基础为前提。健康完善型人格的培养，正是着眼于提高大学生整体的政治、思想、道德、心理各方面基础素质，满足大学生的成才需求。

2.符合教育规律和学生成才规律

教育存在两条基本规律：一是教育既适应又促进社会发展的规律。社会决定着教育的性质和发展方向，并为教育的发展提供保证条件；教育通过提高人的素质培养人才，又反

---

❶ 陈秉公：《思想政治教育学原理》，高等教育出版社2006年版，第232页。

过来不断推动、促进社会的文明与进步。二是教育适应并促进人的发展的规律。中国社会主义教育的目的在于培养德智体美劳全面发展的人，坚持全面发展的教育也就是促进人的身心的和谐发展。

学生成才规律也可以概括为两条：一是要立足于自身身心特点和个性发展等现实条件，做好自我价值的选择；二是自我价值必须与社会价值相统一，才能得到最大的实现。思想政治教育目标的确立正是按照学生成才规律的要求，着重分析大学生的自我需要与社会环境需要及其制约性。而思想政治教育目标的价值性，正合乎教育基本规律的要求，一方面直接促进大学生健康而全面的发展，另一方面使大学生在适应社会、适应时代、服务社会的同时，也推动了社会的发展和时代的进步。

3.符合大学生思想政治教育的总体要求

《中国普通高等学校德育大纲（试行）》规定："高等学校的根本任务是培养德智体等方面全面发展的社会主义事业的建设者和接班人。"❶分析这一目标，可以看出它包括对大学生在政治、法律、思想、道德、心理、行为等各方面的要求。因而，健康完善型人格培养目标的确立，正是根据这一目标，在分析当今社会发展需要的基础上得出的理性结论。

---

❶ 教育部：《中国普通高等学校德育大纲（试行）》，《中国高等教育》1996 年第 2 期。

第二章
当代大学生思想政治教育发展现状

第一节　大学生思想政治教育的现状和对策

　　加强和改进大学生思想政治教育工作是一项贯穿于中华民族伟大复兴事业的战略任务。当前之所以要特别强调加强和改进大学生思想政治工作，一个很重要的现实背景就是国际、国内形势的深刻变化，使大学生思想政治教育面临着严峻的挑战。国际敌对势力与我们争夺下一代的斗争更加尖锐复杂，大学生面临着大量西方化思潮和价值观念的冲击，某些腐朽没落的生活方式对大学生的影响不可低估。随着对外开放不断扩大，在各种思想文化相互激荡的环境中，尽管我国大学生的思想状况主流是积极、健康、向上的，但是大学生思想活动的独立性、选择性、多变性、差异性明显增强，受到各种思想文化的影响明显增多。某些大学生不同程度地存在着政治信仰迷茫、理想信念模糊、价值取向扭曲、道德修养和自控能力较差、立志成才意识不强、诚信意识淡薄、社会责任感缺失、艰苦奋斗精神淡化、团结协作观念欠缺、心理素质欠佳等问题。

一、当代大学生思想状况浅析

（一）当代大学生思想道德状况主流是好的，是积极健康向上的

大学生是思想最为活跃、接受新事物最为迅速的高智能知识群体，其思想活动和行为

方式会有更深刻的时代烙印，呈现出更为鲜明的时代特征。当代大学生思想道德状况的主流是好的，是积极健康向上的，主要表现在以下几个方面。

1.热爱祖国，关心集体

当代大学生中绝大多数人有着强烈的爱国热情。平时他们的爱国情感表现不是很明显，一旦发生突发事件，他们的爱国热情会像火山一样喷发出来。他们大多数目光远大，积极向上，高度重视知识和工作能力的培养，希望学成之后能够报效祖国和人民，对中国的发展充满信心。他们注意维护国家和集体的利益，在地震、洪涝等自然灾害来临时许多大学生捐款捐物，有些特困生自己每天的生活费都是勤工俭学才能维持最低生活水平，但他们还是慷慨解囊，表现出关心集体、乐于奉献的美德。

2.居安思危，具有责任感

一些学生刚上大学，就会考虑以后的出路在何方。如我们学校的专科学生，知道凭专科毕业证找工作是有困难的，所以入学不久，他们就开始考虑两年以后该干什么，想升本科的同学开始发奋读书；想工作的同学开始考各种资格证书，还利用一切机会出去打工，勤工俭学，为自己积累工作经验。

3.关注自我价值，强调个人尊严

每一位大学生都对未来充满了憧憬，都希望自己大学毕业以后建功立业、事业有成，实现自己的人生价值。因此也懂得珍惜大学时光，不放松、不狂傲、不虚度、不自满地努力完成好学业，自己尊重自己，力争做品学兼优、德智体美等全面发展的合格大学生。

（二）当代大学生在思想道德素质中还存在着一些道德缺失的成分

1.理想信念模糊，世界观、人生观、价值观有些扭曲

在一些大学生中不同程度地存在着还没有树立远大的革命理想，社会主义信念不够坚定的现象，不知道自己身上肩负着社会主义建设者和接班人的重任。同时，他们也没有树立正确的世界观、人生观和价值观，在学习和生活中个人利益考虑的较多，缺乏社会责任感和全心全意为人民服务的意识，表现为得过且过，缺少积极向上的奋斗精神。高中时的目标是上大学，一旦上了大学，便失去了努力的方向，失去了奋斗目标，无由地感到空虚"郁闷"。"郁闷"是大学生常说的话，为什么会"郁闷"呢？主要原因是没有了奋斗的目标和激情，缺少远大的理想。

2.社会公德意识较差

大学生道德水平的高低和他们文化的分数不是成正比例的。一般来说，文化知识层次越高，社会公德意识越强，这是社会的共识。作为文化知识层次较高的大学生，应该

有较强的社会公德意识，然而有些大学生却不然，他们信奉小节无害，缺乏诚信和法律意识。

3.学习目的不明确，缺乏学习热情

某些大学生，学习目的不够明确，不知道是为谁来学习的，没有学习的动力和热情，甚至有的是认为到学校来学习是被父母逼来的，"不是我要学，而是父母要我学，到学校后是老师要我学"。因而，经常出现上课迟到早退，课堂上不注意听讲、睡觉，甚至出现随便逃课现象。

4.互联网信息传媒影响

当前，网络正在极大地改变着高校学生的生活方式、学习方式、交往方式、娱乐方式，甚至是语言习惯，对青年学生的学习、工作、生活和思想观念都产生着深刻的影响。网络无限开放的虚拟空间及其互动性，常成为大学生交流真实思想情感的场所。信息的超载，常使学生对信息缺乏理性的分析和思考，道德自律和自我约束往往控制不住，甚至脱离现实，沉溺网络，晚上彻夜上网，白天蒙头睡觉，整天精神恍惚，结果荒废学业。

5.追求物质享受，害怕艰苦奋斗

由于条件的变化，过去是新三年旧三年缝缝补补又三年，发扬艰苦奋斗。近些年来我们宣传要用消费拉动生产，用明天的钱办今天的事，好像艰苦奋斗过时了，使得艰苦奋斗的精神在当代大学生中有些淡化。

6.不善于交往，情感问题的困扰

大学生在校除了学习，与他们最密切相关的就是人际关系。大学生的性格日趋成熟和稳定，在很多问题上都表现出自己独特的观点。然而，部分学生由于种种原因，不能融入到一些实际活动中去，不能形成正确的自我评价，故在具体的交往活动中团结协作能力较差，心理素质问题较为突出。

二、产生问题的原因

（一）家庭因素的影响

家庭环境和教育，父母及亲友的基本素质，对学生的影响极为深刻，对其人格的成长和形成具有重要的影响。在美国，家庭教育以培养孩子自食其力为出发点，父母培养孩子懂得劳动的价值，让孩子自己到外面参加一些力所能及的体力劳动，即使是富家子弟也要学会自谋生路。有些学生由于家庭呵护太多，缺乏生活锻炼，遇事不知怎么处理，情绪波动大，稍不顺心便会乱发脾气，养成了喜怒无常、情绪不稳定的不良性格。有些因家庭的消极影响，例如父母的离异、变迁、错误的价值观和不当的言行，使孩子形成了与众不同的错误价值尺度，对人对物总有自己的一套方式或观念，结果形成了一些不良的个人行为，这些都在相当程度上是其上大学以前较长岁月中所形成的人格的影响和延续。因此，家庭因素的影响，对青年学生的健康成长极为重要。

（二）社会因素的影响

社会因素，也就是社会环境的影响，特别是社会上的一些不良风气，对青年学生影响极大。改革开放这40余年来，我们国家在经济体制、政治体制及意识形态方面都发生了巨大的变化，这些变化必然引起人们思想上的变化。大学生是思想最为敏感的群体，有些思潮来了，他们良莠不分，经常自以为正确，结果却犯了错误。同时由于当今社会上以权谋私、权钱交易等不正之风，那些有权有钱人家的孩子，虽说学习成绩平平，但凭着父母的本事，可以轻而易举地找到好工作，而老百姓家的孩子虽然学习成绩优秀，也很难找到理想的工作，好像是学习成绩与自己的前途没有直接联系。这些不正之风严重地影响着大学生的思想，他们一方面在愤恨这种不合理的现象，另一方面放松了自己的奋斗精神。

（三）学生本身因素的影响

18~22岁的青年学生正处于青年期，这一时期是人的一生中心理变化最大、心理发展最为曲折、充满着变幻与矛盾的时期，是从幼稚走向成熟、从未定型到定型的急剧变化时期，有些心理学家将其称为"心理断乳期"，许多人生观念和生活习惯都要在这个时期养成。面对新的学习、生活、工作环境，面对各种复杂的人事关系，许多学生在认知、情绪和意志等方面都未成熟，这些学生中以往积累的"心理资源"已经不能满足应付眼前的现实，必然产生一些心理问题，这是一个人正常成长的必经阶段。而有的青年学生不能正确认识和处理这一正常的变化，产生过分的烦恼和急躁、恐惧、不稳定等心理，有一种无法适应的现象，这对于人生的思想、行为、形象的塑造必然产生不利的影响，为今后奠定人生道路设置了无法回避的"路障"。

（四）学校管理因素的影响

学校的管理模式是多样的，而且随着教育体制的不断改革和深化，对学生的管理也要不断创新。我们学校要构建和谐校园，对学生的管理不能出了问题就处分，发现问题就处理，有些问题不是处分或处理就能解决的，对待学生，也应该既有严肃的一面，又有宽容的一面，也就是人性化管理，让学生感到宽松、放心、舒心、安心，而不是人人自危，惶惶不可终日。目前我校的学生有走读的，有住校的。走读的学生比较松散，而住校的学生则是半军事化的管理模式，按时起床、就餐、上课、早晚自习、休息等。虽然有些学生自由惯了，不习惯这样的管理，发生的违纪事件较多。但是对这样的管理方式，绝大多数学生是习惯的，家长也放心，学校也好管理。对极少数学生的问题，还是要采取说服、教育、批评等方式，进行人性化管理，晓之以理，动之以情，在管理上采取宽、严结合的办法，让学生养成自觉遵守校规校纪的良好行为。

三、大学生思想政治教育工作的特点及存在问题

当前大学生的思想政治教育工作在时代背景、社会环境和大学生自身素质等方面都呈现出与以往不同的特点。

（一）开放性

当前大学生生长在我国全方位实行改革开放的年代。他们所接触的社会，不是一元的，而是多元的；他们所接受的教育，不是一维的，而是立体的。无论是敞开的国门、信息高速公路，还是无孔不入的现代网络世界，都给富于猎奇心理的青年大学生带来巨大的诱惑与冲击。各种各样的思想、观念、文化、信息纷至沓来，五花八门，色彩缤纷。青年大学生们要从这些光怪陆离的思想、观念、文化、信息中进行比较、鉴别，自主选择和淘汰。在开放的社会环境中，学校教师在思想政治教育中的权威地位发生了动摇，作为社会主梁道的思想政治教育的固有优势，也受到了挑战，它不再能垄断学生获取信息和接受教育的渠道，相反，它只是学生进行比较、鉴别、自主选择和淘汰的对象之一。

（二）主体性

青年期原本就是自我意识发展和自我需要扩张的时期，青年渴求独立、自主的意愿更甚于处于其他年龄段的群体。随着市场经济的发展，知识经济时代的即将来临与科学技术进步带来的生产力的巨大发展，使知识、人才成为今日社会的明星。重视人才，重视人才的价值，进一步唤醒了青年的主体意识。当代青年大学生追求自我价值的实现，自我的成功，"人不应该做他人的影子，而应该做回真正的自己"。这种自我价值的追求体现了个体成长发展的内在需求，是人的独立性、自主性的外在表现，是人的自立、自强、自尊的道德价值的体现，是有着进步意义的。在这种对个性发展、个体权利以极大的空间与合理关注的社会环境下，青年大学生在观察问题、思考问题时往往采取批判和标新立异的态

度。在这种自我意识极强的氛围下，如何对青年大学生进行社会主导价值观教育，并使之被青年大学生心悦诚服地接受，是当前大学生思想政治教育所面临的又一新难点。

（三）差异性

高校的大学生来自四面八方，学生由五湖四海聚集到一起。由于各地经济发展水平的不同，造成了学生的差异性。如何针对不同特点、各具差异的学生进行思想政治教育，使之达到理想的教育效果，是高校思想政治工作面临的又一新问题。尽管青年大学生思想政治教育出现了开放性、自主性、差异性的特点，但青年作为人自幼年步入成熟阶段的一个阶梯，仍具有极强的可塑性。一方面，我国经济体制改革方兴未艾，我国经济发展速度举世瞩目，我国政治体制改革步步深入，我国科学文化日益繁荣，我国人民生活水平日益提高，凡此种种奠定了我国青年价值观朝向健康轨道发展的大趋势。另一方面，裹挟在历史进步大趋势中的青年所特有的先锋性、进取性，也决定了青年价值观的健康走向。只有大学生思想政治教育工作坚持正确导向，并增强教育的现实性、针对性、科学性，青年大学生的思想政治教育工作一定会收到良好的效果。

第二节　大学生思想政治教育有效性的实现途径

随着我国改革开放的全面深入，思想文化交流日益频繁，在这样的经济、政治、文化和技术等社会背景下，大学生的思想不断受到多方面的复杂影响，因而，大学生思想政治教育必须切实进行变革以适应新形势的要求，要不断增强大学生思想政治教育的吸引力、感染力和有效性。本节对大学生思想政治教育有效性的影响因素及实现途径作一探讨。

一、大学生思想政治教育有效性的科学内涵

要增强大学生思想政治教育的有效性，必须准确把握思想政治教育有效性的科学内涵，而把握思想政治教育有效性的科学内涵，首先要弄清思想政治教育和有效性这两个基本概念。

思想政治教育泛指人类所有阶级社会共有的从思想政治品德上培养教育人的活动，即

社会或社会群体用一定的思想观念、政治观点、道德规范，对其成员施加有目的、有计划、有组织的影响，使他们形成符合一定社会或一定阶级所需要的思想品德的社会实践活动。特指无产阶级从思想政治品德上培养教育人的活动。

有效性作为一种价值属性的体现，是指特定实践活动及其结果所具有的相应特性，且这种特性又是实践活动及其结果在与相应价值主体构成的价值关系，即对相应主体需要的满足关系中所表现出来的。离开了实践活动及其结果的特定属性，有效性便没有了得以确立的根基；离开了特定的价值关系，有效性也同样无从谈起。因而，大学生思想政治教育有效性则是指在一定的时空条件下，在大学生思想政治教育实践中产生效力和效用的特征，亦指大学生思想政治教育产生与出现正向结果的效能属性，主要表现为大学生思想政治教育活动对其预设目标的实现程度，其教育内容对大学生思想观念影响的深刻性、持久性，以及对大学生思想意识判别、选择、理解力等诸方面所产生的强化作用。

因此，在衡量大学生思想政治教育的有效性时，我们既要考察其达到思想政治教育者、社会所期望的教育目的的程度，也要考察其符合满足大学生成才内在需要的程度，使目的性和需要性达到统一。

二、大学生思想政治教育有效性的影响因素

（一）社会消极思想文化因素

当今世界政治多极化、经济全球化、文化多元化的发展趋势以及我国的经济社会发展特点共同形成的现实社会基本特征，对当代大学生这一成长中的社会群体带来巨大影响，大学生思想政治教育面临更加复杂和开放的社会环境。首先，随着社会主义市场经济体制的建立，我国社会经济成分、利益分配、组织形式、就业方式以及人们生活方式日益多样化，人们的选择性、多变性和差异性日益增强，人们对现实政策的评判、对社会与个人前途的期望，也会随之发生巨大的变化。大学生是一个极易受外界影响的群体，对市场经济负面作用的分辨能力不强，价值观念中的趋利性比较明显。其次，随着我国对外开放的不断扩大和经济全球化进程的日益加深，各种思想文化相互激荡和资本主义意识形态大肆渗透，对处于具有强烈好奇心理和一定逆反心理年龄阶段的大学生产生了极其复杂的影响，使大学生的价值观念趋向于现实与功利；国内封建迷信思想也沉渣泛起，蛊惑与毒害广大大学生的思想与灵魂。这些消极影响在当代大学生思想中，主要体现为政治心理的不成熟和对传统道德观念的消极作用。

（二）思想政治教育观念因素

在对大学生进行思想政治教育的过程中，人们必须要对思想政治教育的对象、内容、价值、地位和如何实施等一系列问题进行理性的思考，并形成科学正确的观念。只有对这些问题有了正确的认识，形成了正确的观念，才能够科学有效地开展大学生思想政治教育活动。如果形成了错误的观念，大学生思想政治教育的地位只会削弱，大学生思想政治教育的作用只会降低，大学生思想政治教育的实效只会丧失。每一次大学生思想政治教育实效的丧失，总伴着社会时代精神的低迷。观念意识是实践的先导，开展大学生思想政治教育实践，必须有科学正确的思想政治教育观念。

（三）思想政治教育工作者素质因素

大学生思想政治教育工作者是指大学生思想政治教育工作的领导者、管理者与实施者。他们的工作方法、原则、能力、态度和理论水平直接关系到大学生思想政治教育的成败。也就是说大学生思想政治教育工作者的素质关系到大学生思想政治教育的实效。大学生思想政治教育工作主体的素质，包括思想道德素质、政治素质、业务素质、文化素质、身体素质，直接决定了他们对大学生思想政治教育的目的、任务的正确认识，对大学生思想政治教育规律的掌握，对大学生思想政治教育责任的承担，对科学工作方法的运用，对大学生思想政治教育对象的尊重与关爱，对大学生思想政治教育精力的投入。这一切恰恰是实现大学生思想政治教育实效的必备条件。

（四）大学生自身的人生价值观念因素

大学生思想政治教育的过程实际上是大学生思想政治教育者与教育对象之间信息互换和互动的过程。这一过程优化的结果，实际上也是大学生思想政治教育实效实现的结果，就是教育对象接受并认同了思想政治教育者所传输的科学、正确的信息；或是教育对象通过受教育而提高了道德接受能力，从而能够自觉地摒弃各种错误甚至反动信息。这个优化过程的条件：一是思想政治教育者所要传输的信息必是先进的和科学的；二是教育对象本身所具备的人生价值观念必须是积极的和进步的。大学生思想政治教育是一项特殊的社会实践活动，其特殊性在于教育对象同样具有主体性，在思想政治教育实践活动中，大学生往往根据自身所具备的人生价值观念对教育者传输的信息进行选择、评判、认同、接受，或者因为自身价值观念的迷失而产生抵触情绪与逆反心理，从而引起对思想理论的拒绝和教育结果的背离。忽略教育对象本身所具备的人生价值观念而进行的思想政治教育实践必然缺乏针对性，很难体现实效性。

（五）思想政治教育方法的整合性因素

思想政治教育方法，就是为了实现教育目标、传递教育内容，是教育者对受教育者所采取的思想方法和工作方法。长期以来，经过广大思想政治教育者的共同研究和探索，思想政治教育形成了一系列方法，比如，灌输法、疏导法、激励法、自我养成教育法、心理咨询方法等。但在思想政治教育实践中，思想政治教育方法没有进行有机整合，结果造成在对一种方法进行肯定时，则对其对应的方法产生简单的否定；在批判某种方法不足的时候，结果造成对该方法的全盘否定。因此，在大学生思想政治教育中，问题不在于坚持和采用了多少与什么样的教育方法，关键在于能否发挥教育者和教育对象的主体性，能否将所坚持和采用的方法有机整合起来。

（六）思想政治教育有效性的不确定性因素

从思想政治教育有效性的存在方式看，思想政治教育的有效性往往体现为显性效果与潜在效果同有，直接性与间接性并存，而间接、潜在的思想政治教育效果向显性效果的转换，其界限和时机是不确定的，因此，思想政治教育的有效性表现为一种不确定的存在；从思想政治教育有效性的产生方式看，思想政治的"教育"与"效果"之间并非总能一一对应地及时体现出来，往往因果关系错综复杂，因此，思想政治教育的有效性表现为一种不确定性的发生；从思想政治教育有效性的程度看，思想政治教育的有效性体现为一个渐次递进的效果区间，这个区间的下限是受教育者认同接受了教育者所传授的基本观点和相应知识，其上限表现为受教育者对这种思想政治观点所包含的世界观、人生观、价值观在行为上的自觉实践。因此，大学生思想政治教育的有效性对大学生个体而言，是一个"效果区间"，而不是某一固定点，其有效性是流动的、不确定的。

第三节　大学生思想政治教育中的传统文化因素分析

一、传统文化现状及当代大学生文化缺失现状

当今，中华民族的传统文化正受到猛烈的冲击，主要表现在：经济发展迅速，物质发

展达到了一个空前的高度，特别是我国改革开放的四十多年来，中国正逐步走向一个经济大国的道路。我国人民普遍存在这样一个缺陷，就是文化的缺失，人们对物质的追求日益激烈，然而却对自身的修养漠不关心，人们从意识上就已经淡漠了传统文化，更别提主动去求取中华民族传统文化的精华所在了。

据统计，现在有很多大学生，不管是在心理上，还是在思想上，都普遍对我们中华民族的传统文化具有认同感和赞美感，并且在日常学习生活中，也很愿意遵循传统文化。但是，大学生对传统文化的认知大多数是来源于课本之外以及父辈祖辈的教导。由此可见，针对大学生思政教育中关于传统文化的部分还没有得到落实。而且，虽然大学生在心理上和思想上普遍认同中国传统文化，但是在实践的学习中依然关注度不够，很多学生表示愿意接受传统文化的洗礼，但是却不能够以一个积极的态度去主动学习，当代大学生在传统文化的认知上还存在一些偏差，另外有很大一部分大学生对自己的人生没有规划，也不能深刻体会到传统文化对自己身心发展甚至自己人生规划有一个积极的影响，这些都是当代大学生文化缺失的表现。

二、当代大学生思想政治教育优秀传统文化缺失的原因

（一）多元化价值观念与市场经济的冲击

随着社会的迅猛发展，人们的生活条件发生了巨大变化，市场经济的发展为人们带来了丰厚的物质条件；社会开放程度的提升，使人们的视野更开阔；网络技术的开发，让全世界的距离缩短成为"地球村"，信息流通加速，人们可以足不出户了解天下大事。

但是，在社会发展为人们带来好处的同时，也带来了负面影响。由于经济全球化的发展，世界各国各种观念和文化涌入中国，加上便利的传播途径，很容易冲击人们原有的价值观念。大学生正处于思想不成熟阶段，看问题不够全面，容易被新鲜事物影响，形成偏激的想法，导致大学生忽视我国传统文化的优势，在价值观上发生扭曲。市场经济的发展，使贫富差距拉大，物质至上的观念在大学生中横行，中国的传统文化被多元化的思潮挤压得毫无生存空间。

（二）新兴媒体的影响

当今时代是网络时代，大学生获取知识和信息离不开网络，新兴媒体的快速发展为大学生提供了一个新的学习和交流的平台。新生代大学生往站在科技信息时代的前沿，接受

各种信息的冲击，由于缺乏辨别能力，就有可能出现是非混淆的情况。

总之，新媒体的发展给大学生的学习和生活方式带来极大的改变，大学生通过新媒体接触到了各种思想和观念，但是传统文化的教育并没有搭上"新媒体"这辆直通车，没有适应通过先进的传播方式对大学生进行教育，导致新兴媒体发展后，传统文化教育缺失反而加重。

（三）高校对优秀传统文化的忽视和思想政治课教育模式弊端突出

随着科技的快速发展，"科学技术是第一生产力"的论断更是让高校对大学生的教育从侧重人文教育逐渐向科技教育转化。高校的主要教学目标就是就业率，所以更倾向培养适应时代需要的科技人才，在课程设置和培养方向上，都会存在倾斜，对大学生人文学科的教育不够重视。即使开设大学生传统文化课程和思想政治理论课，也没有在改进教育模式上下功夫，高校教师也多以照本宣科和灌输式的教学法进行教学，让一门与时代发展紧密相连、与学生生活密切相关，关系到大学生的健康成长的学科成为摆设，不能引起大学生的兴趣，更不能起到应有的作用。

（四）优秀传统文化融入大学生思想政治教育的方法陈旧

对大学生进行优秀传统文化教育的关键在于对其认同感的培养，但是目前部分高校在对大学生进行传统文化教育时，因为没有深入考察其概念、范畴、观点的实质内涵，而且采用"说教式"的教育方式，所以难以调动大学生对中国优秀传统文化学习的积极性、主动性。具体表现在：首先，由于学习活动载体设计方面缺乏针对性，不能密切联系学生学习、生活实际，严重地影响了参与优秀传统文化学习活动的热情；其次，由于没有深入调查研究而缺少亮点、重复率高，在具体活动开展过程中重承诺、轻实践，创造性不够，导致教育效果不佳。

（五）大学生自身对优秀传统文化及思想道德教育的认识不够

除了外在原因，大学生自身对优秀传统文化的态度也存在问题，大学的主要任务是学习专业知识和增加自身修养，在社会就业压力较大的今天，多数大学生往往只关注前者，认为其更加务实，自觉忽略后者。但是，大学生走上社会面临的是复杂的社会形势，没有坚定的理想信念、政治素养和合作精神就很容易在社会中碰壁，影响自身的发展和进步。可见，加强大学生优秀传统文化教育及思想政治教育十分必要。

当前，我国正处在社会转型期，特别容易被各种复杂的外部因素所影响，随之带来的各种问题，越来越凸显。这些问题严重危害着大学生身心健康，努力提升大学生与优秀传统文化的融合就变得尤为重要，需要全社会的共同努力。只要我们共同奋斗，就能塑造出具有优秀传统文化的当代大学生。

三、大学生思想政治教育与中国传统文化结合的必要性

（一）传统文化具有积极的育人功能

中国传统文化源远流长，博大精深，深深影响着我们民族的社会生活和人民的精神风貌，对中国人人格的塑造起到重大的作用。需要指出的是，文化虽然为人类所创造，但它反过来还有塑造人、培养人的功能。从根本上说，人类所受的教育，也就是文化的教育，中国传统文化也不例外。孔子早就明白这一点。《论语》载：孔子尝独立，其子孔鲤趋而过庭。孔子问道，学诗了吗？孔鲤回答说，还没有呢。孔子说，不学诗，你就无法与人沟通。于是孔鲤退而学诗。另一天，孔子又独立，孔鲤趋而过庭。孔子又问，学礼了吗？孔鲤回答说，还没有呢。孔子说，不学礼，你就无法立身。于是孔鲤退而学礼。《诗经》《礼记》都是我国古代重要典籍，孔子深知它对于塑造人格品德的重要性，故一再指点孔鲤学诗学礼。利用中国古代的文化典籍教人育人，这可以说是孔门道德教育，亦即今天所说的思想政治教育的一个特征。此后便形成了中华民族十分重视以传统文化教人育人的传统。也正是我们民族文化的健康、积极、向上，才能孕育伟大的民族精神和向上的国民品格，故中华民族历经磨难而不屈，受尽曲折而后强。

（二）传统文化是思政教育的重要资源

当前我国正处于社会转型时期，在社会主义市场经济体制下，随着世界经济全球化、西方工业文明进步带来的各种冲击，当代大学生思想政治教育靠以往政治化、激进化、简单化、口号式的宣传说教已不合时宜，必须创新，而这种创新则要植根于中国传统文化的土壤之中，培养本土化的国风和民俗，因此说从中国传统文化中挖掘思想政治教育资源是趋势使然。

首先，中国传统文化的人生理想着眼于理想人格的塑造，可以为我们培养健康向上的人生理想提供深刻的启迪。在中国传统文化中注重自我完善，反对人为物累，提倡以苦为乐，主张义利统一、情感欲望与理性精神统一等都可以为当前思想政治教育提供有益的借鉴。

其次，中国传统文化的人生态度以乐观主义人生哲学为基础，提倡自我精神，有利于

我们建立健康的生活方式。传统文化认为人完全可以靠自身的善性和能力不断超越自我，这种强调主体意识、积极向上的人生态度正是我们今天提倡自主精神的社会所需要的。

最后，中国传统文化在道德修养上，肯定主体自觉，强调道德践履，这为现代思想政治教育在方式、方法上的创新提供了借鉴。

（三）传统文化是中国特色社会主义文明的重要根基

思想政治教育为何要继承和发扬民族优秀传统文化，也是因为我们所要建构的社会文明是有中国特色的社会主义文明，它必须具有自己独特的文化底蕴和内涵。民族的形式，社会主义的内容，这就是我们所要建构的社会主义文明。众所周知，中国特色社会主义现代化建设是中华民族的共同理想，而中国特色的现代化建设与中华民族传统文化的继承和发扬密不可分，这已为所有实现现代化国家的历史所反复论证。世界历史表明，任何国家的现代化都不可能从一个社会的外部向内部作直接的嫁接和移植，它只能从自身文化背景的创造性转移中有机地、合乎规律地生长出来。正如恩格斯所说："没有希腊文化和罗马帝国所奠定的基础，也就没有现代的欧洲。"所以古希腊和罗马传统文化的复兴是西方现代化的起点，反映了历史发展的必然。

四、大学生思想政治教育与中国传统文化结合的可行性

（一）学习传统文化中政治思想，深化大学生对当代政治的认知

创新大学生思想政治教育，要力求把握党的指导思想的历史性与传承性，从历史和文化的角度帮助学生正确认识科学发展观的时代背景、实践基础、基本内涵和历史地位。组织学生借鉴传统文化中"民为贵，社稷次之，君为轻"的民本思想、"等贵贱，均贫富"的平等诉求，"天下为公"的政治理念、"以和为贵"的和谐意识，帮助学生深刻理解科学发展观所倡导的"以人为本""全面、协调、可持续发展"和"建立和谐社会"的历史文化内涵；坚持把历史教育和思政教育融合起来，引导学生深刻认识只有在中国共产党领导中国人民进行为民族求解放、为大众谋利益的革命和建设过程中才真正实践和升华了这些政治思想；不断深化学生对当代政治的认知，引导他们更深入地理解党的路线、方针和政策，把爱祖国、爱人民同爱党、爱社会主义统一起来，自觉抵制西方敌对势力"西化""分化"的政治图谋。

（二）发挥传统文化的熏陶功能，以经典讲授为途径，找准思政教育切入点

中国优秀传统文化可以作为大学生思政教育的切入点，将其寓于教育之中，充分发挥文化渗透性强、影响持久以及形象、生动等特点，这样会使思政教育更加生动活泼，更能贴近大学生的思想和生活实际，更易为青年学生所接受，使学生在受到传统文化熏染的同时，更能接受到良好的道德修养和高尚的理想情操教育，有效提高教育工作的吸引力和有效性，扩大思政教育影响。比如：大学新生进入大学后往往暴露出很多问题，面对宽松的环境，有些学生丧失了学习的计划性，有些学生不懂得处理人际关系，难以面对集体生活，有些同学会因为学习方法不适应、压力大引发心理问题等。如何解决好这些问题，让新生尽快适应大学生活是大学思政教育的重要课题。积极尝试将优秀传统文化带入大学新生课堂，将《三字经》《论语》《孟子》等经典篇章讲授给学生，把其中蕴含的人伦教育、人格教育、价值取向、思维方式、行为准则讲授给学生，让中国优秀传统文化的魅力取代单纯的道德说教，让学生进入大学校园后在心里树立一个做人的"规矩"，做大学生的"规矩"，引导大学生更好地适应大学生活。这样既弘扬了优秀传统文化，又增强了大学思政教育的实效。

（三）坚持传统文化的人文导向，强化学生主体意识，创新思政教育方式方法

中华文化追求"至善至美"的理想人格，为理想而"上下求索"的奋斗精神，"富贵不能淫，贫贱不能移，威武不能屈"的"大丈夫"气节，"先天下之忧而忧，后天下之乐而乐"的志士情怀，构成了我们民族的人义取向，为人学生提供着理想人格的目标或典范。同时古代知识分子在提高人文道德修养上注重"内省"，主张通过自身的内省而体验到快乐。"顺自然而以人为本，顺人伦而以和为本，重体验而以乐为本"正是传统人文精神的体现。因此，我们在思政教育实践中要传承和弘扬这些优秀的民族文化，从文化价值和精神层面加强深层教育，重视学生的主动性和创造性，唤起学生的主体意识，培养个体的独立人格，提高受教育者的参与程度，由消极被动地接受教育转变为积极主动地自我教育，增强学生的自律能力，培养学生"穷则独善其身，达则兼济天下"的济世情怀，塑造学生健全人格，匡正学生行为规范，不断提高自身的思想、道德修养。

（四）秉承传统文化的教育功能，以节庆仪式为载体，构建思政教育实践平台

节庆仪式教育是一种独特的社会性学习过程，它所体现、承载、传递的特定价值观

念，可以对仪式参与者产生明显的价值导向作用。高校思政教育的根本目的，就在于培养大学生形成符合时代要求的、成熟的价值观和行为习惯，帮助大学生完成社会化，因此，高校可以通过节庆仪式的策划、组织、实施，开展大学生思政教育，这无疑具有特殊的作用。那么与传统文化相联系的节庆教育又有哪些呢？如春节、元宵节、清明节、端午节、中秋节及重阳节等，另外一些少数民族特有的文化习俗和传统节日也是节庆文化的重要组成部分，以这些节庆为主体开展仪式文化教育，有目的地引导学生从最初的模仿、学习、自我约束，再到以后学习成长道路上的继续升华和强化，这样既弘扬了爱国主义精神，也塑造和培养了大学生的健全人格和积极的社会责任意识，为构建和谐校园文化、推进民族情感交流、凝炼时代主体精神及建设社会主义核心价值体系等方面都发挥着不可替代的作用。

总之，随着我国经济的起飞，综合国力的日渐提高和人民生活水平的改善，重视传统文化已成必然。从历史的维度看，也没有一个经济上处于强势的国家是蔑视自己国家文化传统的，再者我国自改革开放以后，弘扬传统文化也已成为从中央到地方的共识，在这种情况下，承担大学生思想政治教育工作的主体假如不能解放思想，依然把中国传统文化同国家的现代化加以对立，不能把中国传统文化的教育纳入我们新时期的思想政治教育中，那我们就要犯历史性的错误，这是罪不容恕的。

第四节 大学生思想政治教育价值发展的当代趋向

一、个体价值由工具性向目的性发展

当今，大学生思想政治教育以发展大学生本身为目标指向，在发展集体价值的同时充分发展个体价值，凸显了个体价值的时代地位。个体价值由工具性向目的性发展是当代大学生思想政治教育价值发展的重要方向之一；当代大学生思想政治教育通过引导大学生政治方向、激发大学生精神动力、规范大学生思想行为、塑造大学生健全人格等全面发展其个体价值。

（一）引导大学生政治方向

所谓政治方向，是指政治的价值取向、阶级指向，是政治理想、政治信念、政治立场、政治态度、政治品质等的综合体现。政治方向对个人的政治思想和政治行为发挥精神支柱作用，是个人政治素质的核心组成部分。大学生思想政治教育引导大学生的政治方向是大学生自身成长的客观需要。广大青年学生有爱国心和正义感，满腔热情，对新事物十分敏感，这是他们的长处。但同时也应看到，他们身上也存在缺乏实践锻炼和政治经验的弱点。这即是说，青年大学生政治上不够成熟，在其成长中需要加以方向性引导。引导大学生政治方向和理想信念教育是根本。

（二）激发大学生精神动力

大学生是具有意识的、经过思虑或凭激情行动的、追求着某种目的的人，他的行为的一切动力，都一定要通过他的头脑，再转化为他的愿望和动机，才能命令他行动起来。这种愿望是由激情或思虑来决定的。而直接决定激情或思虑的杠杆是各式各样的。有的可能是外界的事物，有的可能是精神方面的动机，如功名心、"对真理和正义的热忱"、个人的憎恶，或者甚至是各种纯粹的个人怪癖。这就是说，大学生行为受物质或精神的动机与愿望支配，受内在精神动力的驱使。青年时期是人生的特殊发展阶段，处于青年时期的大学生需要欲求异彩纷呈，理性认知活跃敏锐，情感世界丰富多彩，充满青春活力。大学生有多方面的物质需要，同时也渴望智慧与理性，还富有激情，无论是物质的需要还是智慧、理性或激情的渴望，都是"加工"大学生精神动力的上等"原材料"。坚持物质激励，是因为人们奋斗所争取的一切都和他们的利益有关。如果只讲牺牲精神，不讲物质利益，那就是唯心论。并且，思想一旦离开"利益"的需要，就会使自己出丑。坚持精神激励，在于马克思主义是真理。以马克思主义的真理说服大学生，武装大学生，发动大学生；同时充分融入关心爱护大学生的真挚情感，为大学生树立榜样与目标，实施激励，教化感化大学生，对催生大学生巨大的精神动力发挥着关键作用。

（三）规范大学生思想行为

大学生思想政治教育对大学生的思想、行为具有规范性，肯定符合大学生思想政治教育方向、目标的思想和行为的正确性；界定偏离大学生思想政治教育方向、目标的思想和行为的不合理性；排除冲击大学生思想政治教育方向、目标的思想和行为的干扰。大学生思想政治教育之所以具有规范大学生思想行为的价值，在于大学生思想政治教育本身具有方向性、规范性。为了培育人才，实现教育目的，在教育实践中对大学生提出一系列规范性要求，开展理想教育、道德教育、法纪教育等具有规范意义的教育，促进大学生思想与行为健康发展。大学生接受思想政治教育，参与社会实践，进行社会化的过程实际上就是在坚持社会导向的前提下，认识、理解、接受社会规范，掌握社会"游戏规则"的过程，实际上就是大学生思想政治教育实现规范大学生思想行为价值的过程。

（四）塑造大学生健全人格

人格就是指做人的资格，是指人在世界万物中的格位，是人之为人的格式与标准。马克思曾深刻地指出："特殊的人格的本质不是人的胡子、血液、抽象的肉体的本性，而是人的社会特质。"根据马克思主义的观点，人格是在一定社会实践过程中的人的个人心理和行为特质的总和，它包括政治、道德、心理、情感、智慧等诸多方面，渗透着意识形态、价值观念、文化传统、社会生活等因素的影响。健全人格主要指一个人的人格当中所包含的诸多方面得到全面、充分的发展，构成协调、健康的系统，符合时代发展要求和人的本质发展需要。塑造健全人格关系到大学生的全面发展，关系到大学生对社会进步的意义与价值。历史与现实都一再表明，大学生要实现人生理想，有所作为，必须全面发展，不能单向度地发展"智体"的工具理性，还必须重视"穗"的价值理性，也就是必须具备健全的人格。健全人格的塑造靠教育，大学生思想政治教育以其"内化—外化"的知行转化机制为机理，通过推动大学生把社会要求的思想政治品德规范内化为信念、外化为行为的反复实践，塑造大学生健全人格，体现出显著的价值性。

二、集体价值由一元向多元发展

随着社会多元化的发展，当代大学生群体的社会组织方式日益多样，大学生群体的成员组成更加复杂，开展集体教育的方式方法更加多元。这就是说，当代大学生思想政治教育所面临的社会环境、集体氛围、个体心理等与过去相比都发生了深刻变化。这些变化客观上要求改变大学生思想政治教育固定在集体中开展的模式，以更加多样的形式开展工作，实现大学生思想政治教育实践的当代发展。立足大学生思想政治教育的实践发展，当代大学生思想政治教育价值改变过去实现集体目标的一元化存在，在实现集体目标之外进一步发展了指导大学生群体心理、调节大学生群体行为、丰富发展大学生群体的青年文化，呈多元化格局。

（一）指导大学生群体心理

所谓大学生群体心理，是指大学生群体成员在群体活动的相互作用中形成的整体心理氛围，它包括大学生群体的需要、情感、情绪、动机、信念等。了解和把握大学生群体心理，是有效开展大学生思想政治教育的前提和基础。大学生思想政治教育之所以具有指导大学生群体公理的价值，关键在于当代大学生思想政治教育实现集体目标的方式方法发生了变化。当代大学生思想政治教育不再局限于灌输、说教等传统方式，而是在教育中遵循以大学生为本的原则，创新教育方法，充分尊重大学生的需要、愿望、兴趣、心理等。当代大学生思想政治教育的实践表明，从一定意义上讲，谁把握了当代大学生群体心理，谁了解当代大学生群体的需要，谁代表了当代大学生群体的利益，谁就能影响当代大学生群体的思想和行为。因此，当代大学生思想政治教育迫切需要运用心理学等有关理论知识，把握和指导大学生群体心理活动，实现大学生思想政治教育的应有价值。

（二）调节大学生群体行为

思想是行为的先导，行为是思想的外在表现；思想是"隐在"的，而行为是"显在"的；有什么样的思想状况，就会有什么样的行为表现。在一个大学生群体中，大学生个体的思想状况往往千差万别，反映到行为上就表现为参差多态。当代大学生思想政治教育培养教育大学生，不仅要培养塑造大学生的正确思想，而且要规范调节他们的行为，实现大学生思想行为状况与社会、集体要求之间的协调一致、良性互动。从普遍的意义上讲，调节大学生群体行为，重点在于把握好统一大学生行为方向、增强行为动力、加强行为规范控制等关键环节。统一行为方向，就是通过教育帮助大学生增强对党和国家路线、方针、政策的理解与领悟，引导群体成员心往一处想，劲往一处使。增强行为动力，就是运用说理、激励等多种手段充分调动群体成员的主观能动性。加强行为规范控制，就是要对正面积极行为进行鼓励，对负面消极行为进行规范，确保协调一致。

（三）丰富发展大学生群体的青年文化

"青年文化从本质上讲是主体文化的有个性的附属，是与传统主体文化相连的分支文化，是介于青年与社会，社会与主体文化之间的桥梁。"青年文化由一代代青年创造、发展，同时也哺育着一代代青年。青年文化是对青年价值观念、思想行为的生动表现。通过青年文化，能架起联系、沟通青年的桥梁。当代大学生思想政治教育在发展中充分重视运用青年文化推动大学生思想政治教育的实践发展，这种实践反过来又进一步丰富和发展青年文化，有利于大学生思想政治教育集体价值的实现。在现实中，很多高校把开展思想政治教育与校园文化建设有机结合起来，以优秀的校园文化、良好的思想政治教育培育青年大学生，提升他们精神境界和素质。实践一再表明，大学生思想政治教育与青年文化之间互动发展。

三、社会价值由片面向全面发展

改革开放以后，大学生思想政治教育得到健康发展，政治、经济、文化价值得到全面的发挥和提升。

（一）社会政治价值的发展

在新旧历史时期，政治的时代内涵不尽一致。就国际政治而言，冷战时期集中表现为社会主义与资本主义两大阵营之间的矛盾对抗与相互斗争，在和平与发展成为时代主题的新时期，集中表现为全球范围内资本主义与社会主义两种制度、不同国家的并存竞争，即在经济、文化等方面既全面交流合作，又矛盾斗争。就国内政治而言，改革开放后，我国政治的集中表现是以经济建设为中心，发展社会生产力，是一种建设的政治、经济的政治。大学生思想政治教育为社会政治服务，实现社会政治价值。这必然要求大学生思想政治教育政治价值实现价值发展。新时期，大学生思想政治教育政治价值主要在于帮助青年大学生正确理解、坚持、贯彻党的基本路线和方针、政策，投身以经济建设为中心的现代化事业，为现代化建设做出贡献。要实现这样的价值，大学生思想政治教育就要坚持"建设的政治、经济的政治"的时代取向，为贯彻党的路线方针政策，建设中国特色社会主义发挥政治保障；要坚持教育大学生，以和平与发展时期的新型政治观引导大学生成长为当代"政治人"；要坚持解放思想、实事求是、与时俱进的原则，紧跟时代发展的步伐，不断提升价值品位。

（二）社会经济价值的发展

所谓大学生思想政治教育的经济价值，就是大学生思想政治教育服务于经济建设，促进经济发展的价值。改革开放前，人们一度在认识上对经济与政治的关系有一定的偏差，未能很好地处理经济建设和政治的关系，大学生思想政治教育的经济价值没有得到很好体现。其实，物质可以变成精神，精神也可以变成物质，代表先进阶级的正确思想，一旦被群众掌握，就会变成为改造社会、改造世界的物质力量。大学生思想政治教育向大学生传播的思想理论、道德观念，作为一种精神力量，为大学生参与物质文明建设提供思想保证和精神动力，从而转化为建设社会主义的物质力量。同时，大学生思想政治教育通过引导大学生树立与市场经济发展要求相适应的观念与意识，帮助大学生化解一些关于经济生活的思想矛盾与困惑，创设良好的舆论环境和社会风气等，参与社会经济调节，促进经济发展。总之，大学生思想政治教育通过传播先进理论，倡导高尚道德，为经济发展提供正确的价值导向、良好的社会环境，充分调动青年大学生参与经济活动的积极性、主动性和创造性，从而在促进经济发展中实现经济价值。改革开放以来，随着经济建设的蓬勃发展，大学生思想政治教育服从和服务于社会主义现代化建设需要，其经济价值得到了空前的发展。

（三）社会文化价值的发展

在建设中国特色社会主义的历史进程中，大学生思想政治教育以提高青年的思想道德素质与科学文化素质为追求目标，通过文化选择、文化传播、文化创造体现其文化价值。所谓文化选择，是指大学生思想政治教育以其特有的政治导向、价值识别功能对社会文化进行过滤、筛选，对与社会主导意识形态价值导向相一致的给予肯定、接受，纳入自身的内容体系与教育轨道；对于与社会主流意识形态不相符合的文化内容给予排斥、抗拒，清除其对大学生的侵害。所谓文化传播，是指大学生思想政治教育把社会所要求的思想观念、道德规范等传播、教育给大学生，以促成大学生形成合乎社会需要的思想品德的过程，本身也就是在传播文化。因为一定的思想观念、道德规范本身就属于一定的政治文化、伦理文化。并且，当代大学生思想政治教育在实践中倾向于与社会文化活动同台共戏，相互渗透，融为一体，从而进一步突出了其文化传播的时代价值。所谓文化创造，是指大学生思想政治教育对于促进社会亚文化、特别是青年文化的发展有重大作用。大学生思想政治教育作用于青年大学生，通过改变他们的思想文化观念，规范他们的行为，创设良好的文化交流，整合价值取向，增进文化认同等，为青年文化及社会文化的新生和发展创造条件。

第三章

新媒体时代对
大学生思想政治教育的影响

第一节　新媒体和新媒体时代

随着科学技术的不断进步，信息化、网络化时代已不再是对未来的设想，而是业已到来的现实。新媒体的应运而生为现代世界构筑了一个全方位、开放性、全球性的信息空间并迅速覆盖不同类型的受众群体，融入社会经济、政治和个体社会化中，对社会意识及思想政治教育产生了广泛而深刻的影响。尤其在高校，以"00后"为主体的大学生群体比以往任何一代都更充分地享有信息化、网络化时代的海量信息资源，其成长也更多地受到了新媒体因素的影响。因此，作为高校的思想政治教育工作者，要加强和改进大学生思想政治教育工作，提高大学生思想政治教育工作的针对性和实效性，就必须首先对新媒体及其时代特征进行深入的研究。

一、新媒体

（一）新媒体的概念

新媒体的概念是1967年由美国哥伦比亚广播电视网（CBS）技术研究所所长戈尔德马克（Goldmark）率先提出的。"新"与"旧"、"现代"与"传统"总是相辅相成的，相应地，媒体也是如此。所谓"新媒体（new media）"，是一个相对的概念，是在报刊、广播、电视等传统媒体以后发展起来的新的媒体形态，包括网络媒体、手机媒体、触摸媒体、移动电视、桌面视窗、数字电视等。新媒体亦是一个宽泛的概念，是一种利用数字技术、网络技术，通过互联网、宽带局域网、无线通信网、卫星等渠道，以及计算机、手机、数字电视等终端，向用户提供信息和娱乐服务的传播形态。严格地说，新媒体应该称为数字化新媒体。相对于报刊、报纸、广播、电视四大传统意义上的媒体，新媒体被形象地称为"第五媒体"。

对于新媒体的界定，学者们可谓众说纷纭，至今没有定论。如新传媒产业联盟秘书长王斌："新媒体是以数字信息技术为基础，以互动传播为特点、具有创新形态的媒体"。美国《连线》杂志对新媒体的定义："所有人对所有人的传播"。联合国教科文组织对新媒体下的定义："以数字技术为基础，以网络为载体进行信息传播的媒介。"新媒体除以上概念外，还是能向大众同时提供个性化的内容的媒体，是将传播者和接受者融会成对等的交流者、而无数的交流者之间可以同时进行个性化交流的媒体具有交互性与即时性、海量性与共享性、多媒体与超文本、个性化与社群化等性质。

（二）新媒体的特征

1.超媒体性

随着新媒体的发展，文本、图像、视频等传统媒介传播手段被越来越多地整合到一起，并通过新媒体媒介实现组织和管理。随着传统媒体（电视、广播、报纸、音像、出版等）的数字化，多种媒介形式的深度融合使资源跨行业配置、媒体信息跨平台共享、传播影响力全方位渗透，集文字、图形图像、视频音频等多种媒介元素于一体的超级媒体出现在新媒体领域，例如，微信的发展既体现出传播媒介的特点，又体现出整合广告、出版、电视等多种媒体的超媒体发展特征。对新媒体的超媒体特征应从两个方面解读：一是基于计算机科学的新媒体技术整合发展推动了超级媒体的出现；二是超级媒体推动传播模式的改变，使大众信息传播进入复合传播时代。所谓复合传播就是指由两种以上媒介组成的对公众产生交互影响的重复传播，通俗地说就是跨媒体传播。

2.交互性

在传统媒体中，信息的传播者是信息的发布者，信息的接收者只能被动地接收信息，二者的定位极为明确。但是在新媒体信息的传播过程中，二者之间的定位就显得极为模糊，信息的接收者可以接收信息，但同时也可以成为信息的传播者。在新媒体中，广大群众享有绝对的主控权，其可以自主决定接收媒体的主题、内容和时间，还可以及时反馈自己的观点和态度，同时也可以将自己的所见、所感、所闻作为信息传送到网络中，通过网络传送渠道传递给其他的信息接收者。在传统媒体中，可以使用两分法对大众进行简单的区分，即传播者和受众。而进入新媒体时代，"受众"一词就可以用"用户"来替代。例如，2001年P2P（Peer to Peer对等网络）技术的兴起，引导网络计算模式开始从集中式向分布式转移，网络节点上的所有的设备都可以建立P2P对话。当前，这种技术已经在网络和电视媒体中得到广泛运用。

3.虚拟性

基于新媒体技术的人际交流，建立在计算机的数字化技术之上，个体通过计算机的软硬件设备实现信息的输入，计算机对传播者的文字、图像信息进行数字编码和解读，使得人际传播不用面对面也可以构建和虚拟出人际关系和组织结构。人们可以通过网络上的虚拟超市购物，通过虚拟社区交友，人的生存实现数字化和虚拟化。新媒体构建的社交、文化场域逐渐成为社会思潮和意识形态的主阵地，传播者通过文字、图形等符号在新媒体虚拟环境下表达自己的价值判断和观点。掌握新媒体传播规律，了解新媒体的使用者和传播者的传播心理机制，是新媒体虚拟时空中保障马克思主义意识形态话语权的必要条件。营造积极健康而又合理有序的虚拟话语空间，是巩固新媒体境遇下马克思主义意识形态的领导权、管理权和话语权的重要途径。

4.即时性

传统媒体的信息从发出到反馈需要一个较长的制作周期，并需要定期、定时发行传播，而基于数字技术的互联网、移动通信等新媒体接收和发布信息不受时间和空间的限制，可以在任何时候、任何地点接收或发布信息，具有即时性的特征。在新媒体中，信号的发送者和接收者之间的信息交流是双向的，参与个体都有控制权。而且，传播者和受众的身份不再明确，传播信息和接收信息几乎可以同时完成，每个人都是传播者，每个人都是受众，无时间限制，随时可以加工发布信息。尤其是在突发事件的报道中，手机、微博、播客、互联网的结合，可以将"第一时间""第一现场"牢牢掌握在手里。

5.个体性

个体性指的是新媒体可以做到个性化信息交流与服务。传播的核心是共享和交流，人们在新媒体环境下可以实现相对自由、便捷、有价值和有意义的交流。在新媒体环境下，传统的、倾向于无差异的普遍的广大受众，开始被分割为兴趣相投的不同分众，促进社会的多元化发展。在新媒体传播中，受众可以利用各种检索工具在各类数据库中搜索，可以自由地选择信息接收的时间、地点以及媒介的表现形式；信息发出者也可以采用"信息推送技术"的方式推送一些专门化的服务。博客、播客、微信的出现是个性化的一种体现，想写就写，想说就说，还会接收到个人的消费偏好信息等，新媒体改变了受众收听、收看广播电视必须同步进行的不足，而是根据个体的时间和兴趣进行安排。未来，个人的角色将会变得更为重要。

二、新媒体时代

（一）新媒体时代成为不可逆转的时代潮流

20世纪90年代以来，随着信息通信技术的日新月异和大众传媒业的迅猛发展，媒体形态发生嬗变，其中最大的变化就是新媒体诞生，并迅速野蛮地生长。时至今天，用手机等智能终端浏览网页、上微博、玩微信等已经成为人们拥护"新媒体"的一种常态，成为大家日益习惯的一种行为方式和生活方式，占据了人们越来越多的时间和精力，并不断蚕食着传统媒体的应用范围和发展空间。

以手机、平板电脑等智能终端接入互联网和拥护"新媒体"成为新媒体时代最主要的方式之一。尤其是智能手机以其独特的功能和魅力强烈地吸引着最易接受新生事物的青少年群体，并成为青少年群体获取信息和交流沟通的主要工具和渠道，极大地影响了他们的交往方式、生活方式、思维方式及观念模式。其中，微信作为新媒体的后起之秀，更是成为广大青少年热捧的社交平台。

在新媒体时代，日新月异的新媒体在传播领域不可避免地对传统媒体造成了一股强大的冲击波：阅读在线电子新闻的用户对传统媒体失去了兴趣、电视收视率下降、广播收听率下降、报纸购买率下降。可见新媒体蒸蒸日上的发展态势已经给传统媒体带来了巨大的影响和压力，进而倒逼传统媒体转型升级、加快向新媒体靠拢或融合发展的步伐。尽管当前新媒体仍然无法完全取代传统媒体，但它快速发展及日益普及并最终占据主导地位已成为不可逆转的潮流，而这也正是新媒体时代已然到来的最有力的实证。

（二）新媒体时代的特点

1.实现了全媒体格局的形成，加速了人类进入全民麦克风时代

新媒体时代并非是由单一的新媒体唱独角戏，而是形成了新媒体与传统优势互补、融合发展的媒体时代。新媒体时代，每个人都可能成为传播信息的渠道，都可能成为意见表达的主体。有个形象的比喻就是，每个人面前都有一个麦克风。互联网为不同利益群体进行利益表达，特别是弱势群体维护基本权益的发声平台。所以，从某种意义上来说，新媒体时代也可以说是草根崛起的时代，是一个推进社会日益扁平化、大众化的伟大时代。

2.打破了传统媒体对信息及其传播的垄断，使新媒体成了突发公共事件的重要信息源

人民舆情网的监测数据显示，由微博曝光的危机事件呈现上升趋势，新媒体已经成为老百姓了解突发公共事件的重要信息源。在新媒体时代，网民深度搜索的欲望和能力更加强烈，突发公共事件容易成为广大网民疯传、热议和热评的"焦点"。有人统计，新媒体（比如"互联网+"、微信、微博、QQ群等）已经成为突发公共事件的第一信源，超过2/3的信息来自新媒体，只有约1/3的信息来自传统媒体，其中新媒体中的微博、微信更是成为广大网民补充传统媒体缺失的"敏感话题"的主要舆论平台。

3.为各类受众创造了平等对话的机会，使新媒体成为普通民众利益表达的非常重要的通道

新媒体时代，各类受众都能在新媒体里找到平等的对话机会。另外，由于守卫社会公正底线的司法制度不够完善，行政监督机制一定程度上不能有效制约某些官员的胡作非为或不作为，执政党的党纪约束、党性教育与体制内贪腐现象的博弈还在继续，民众利益表达和权利救济的其他通道堵塞或低效运行，传统媒体的舆论监督功能持续弱化，从而使新媒体成为老百姓最便捷地表达利益诉求和赢取公众支持的重要通道。

4.促进了跨界融合成为常态，使新媒体成了一股消解边界的力量

新媒体时代，由于大数据、电子商务、云计算等日益广泛应用，为许多在以前难以想象的跨界融合创造了条件，如今以互联网为纽带的产业跨界融合已经成为我国经济转型升级的一种新模式。在媒体之间，新媒体也正以"互联网+""O2O"以及互联互通、跨界介入等多种方式，在压缩传统媒体生存发展空间的同时，也在倒逼着传统媒体转型升级，并成为一股巨大的消解力量。不仅消解着传统媒体（电视、广播、报纸等）之间、新媒体与传统媒体之间的边界，还消解着产业之间、社群之间、国家之间的边界，更消解着信息发送者与接收者之间的边界，使传统媒体时代各类清晰的边界日渐模糊甚至消失，促使媒体形态朝着新老融合、创新发展的方向变革。

第二节　新媒体对大学生思想政治教育环境的影响

新媒体是以互联网技术、数字技术和移动通信技术为基础，以计算机和手机等终端向

用户提供信息及相关服务的传播媒体，对大学生思想政治教育环境有着重要的影响。本书主要通过社会环境、文化环境、技术环境来进行分析。

一、社会环境的时代化

新媒体时代的社会环境复杂，网络信息的高速发展，形形色色的网络信息影响着社会的发展。基于新媒体时代的社会环境，大学生思想政治教育也发生了变化，主要体现在以下三个方面。

（一）社会信息透明化

新媒体环境下，由于互联网技术不断地更新和完善，人们的感知范围和能力也在不断地扩大和提升，人们不再单一地只通过书本、报刊、电视等传统媒体来获取外界知识，而往往是从多信息途径的来源中去获取，信息的传播已经不受时间和空间的制约，社会空间变得更加透明无屏障。在新媒体环境下，人们可以随时随地利用即时通信工具（如 QQ、微信等）与他人进行交流，也可以使用社交媒体（微博、贴吧、知乎等）发表自己的见解、维护自己的权益，通过巨大的舆论力量使之成为社会热点。在此环境下，大学生思想政治教育工作面临着两难的境地。虽然信息可以实现共享，利于教育内容的传播，使教育环境更加地开放、民主。但与此同时，开放的新媒体以及网络环境下，心智尚未发展成熟、政治立场尚不坚定、容易受到不良诱惑的大学生们，很容易受到网络虚假信息、网络不良信息的误导，为高校的思想政治教育工作带来了困难。

（二）社会舆论的鱼龙混杂

"21世纪以来，我们深切感受到了全球化进程日益加快，各个国家和国际政坛以及其他诸多领域的关系日益复杂化，传媒拥有不可撼动的地位和作用。"全球化背景下的新媒体所带来的是传播内容全球化、意识形态全球化，但这种传播形式往往是单向传播，少数拥有新媒体资源和技术的国家势必会站在传播媒介的顶点。以美国为例，其网络空间霸权涉及全球互联网的每一个角落。在海量信息尤其是涉及政治以及国际的重大问题上，大学生的观点和价值取向往往会被报道消息的媒体的观点同化，这也会对高校的思想政治教育产生影响。

（三）社会信息的良莠不齐

新媒体的开放性特征是优势也是劣势，虽然拓宽了大学生的信息获取途径，使大学生从不同渠道获取信息，了解到各种观点；但是，当今互联网中鱼龙混杂，诸如许多网络谣言、违法信息、网络喷子等，对广大青年大学生不可避免地会产生许多负面影响，严重的甚至会影响其人生观、世界观以及价值观。而西方发达国家凭借其在互联网上的技术与信息优势，也在不断地通过网络向中国渗透其价值观，打一场没有硝烟的战争，这些负面信息对高校的思想政治教育所产生的冲击也不可避免。

二、文化环境的复杂化

文化环境在大学生思想政治教育环境中起着重要的补充作用。随着新媒体的发展，高校的文化环境受到多方面因素的影响，文化环境越来越复杂，高校文化环境也有着较为明显的变化。

（一）网络语言流行于青年人群中

《咬文嚼字》编辑部公布了2022年十大流行语"中国式现代化""新赛道""沉浸式""精神内耗""踔厉奋发、勇毅前行""大白""烟火气""拿捏""天花板"和"雪糕刺客"。网络热词在青年人群尤其是大学生人群中广为流传，有些高热度的词甚至被刊登在人民日报上。可见网络流行语已与大学生活息息相关，其以简洁生动的形式，得到了广大青年的偏爱。

（二）文化消费的多层次

文化消费是指用文化产品或服务来满足人们精神需求的一种消费，过去的文化消费主要集中在教育、娱乐、健身以及旅游观光上，而新媒体的发展扩大了文化消费的内容，媒体消费已经融入了人们的日常生活中，逐步成了一种消费习惯和消费行为。当今以互联网为核心的媒体信息消费，利用便捷的信息传播通道和手段将信息传播的时空差别降到最低，而生活在如此环境中的大学生，媒体消费已成为他们日常生活中的一种基本消费，投入时间和金钱以获取信息或精神层面的满足已经成为一种基本的和习惯性的消费。在当今的大学生中，网络游戏类的消费，付费视频和音频的消费（包含IP产业）占据着主导地位，当今十分流行的网络主播打赏消费以及付费知识版权类（如知乎LIVE，分答，微博问答）的消费以及基于互联网+所产生的线下实体类文化消费也在大学生的消费中逐步占据一席之地。

（三）网络文化对当代高校文化环境的影响

当今，网络文化毋庸置疑地影响着高校文化环境，现今的大学生多为"00后"，个性鲜明，敢爱敢恨。一方面，他们爱憎分明，个性明显，自信而又自负，愿意明确地表达出自己的想法。另一方面，他们强烈的个性常会导致他们缺乏冷静思考，总是不顾客观事实或是在没有周全考虑的情况下就狂热地支持或是激烈地反对某一事物。同时，当今的大学生几乎无时无刻不与互联网接触，其性格特点与为人处世的方法也会潜移默化地受网络文化的影响，以下我们主要从网络游戏与文学、社交媒体以及网络直播这三个与大学生接触最频繁的方面来进行简要分析。

1.网络游戏与文学

网络游戏与网络文学是大学生接触较多的两大互联网产品，他们乐于在网络中畅读自己喜欢的书籍，聆听喜欢的歌曲，也喜欢在游戏中获得乐趣以及宣泄情绪，网络游戏和网络文学具有交流的互动性、内容的多样性以及操作的自由性的特点，因而成为大学生表达思想和情感的便捷工具。与此同时，充斥在这两类互联网产品中的负能量（例如暴力，色情等）也会影响着他们的受众者，一些充满色情暴力的网络书籍以及比比皆是的因沉迷网络游戏而荒废学业的事例也在不断提醒着当代的大学生要合理地去阅读和游戏。

2.社交媒体

如今，社交媒体已经渗入大学生生活的方方面面，成为他们了解社会、获取社会经验的途径。当今大学生通常会通过社交媒体去了解新闻时事，并乐于通过评论去发表自己的理解和看法，他们也会经常通过社交媒体发布自己或身边人的生活状态，并乐于通过社交媒体结识新的朋友。互联网的发展以及移动社交媒体的广泛使用，给大学生带来了全新的虚拟与现实共存的社交方式，深刻影响着大学生的价值观念和行为方式，同时也影响着当今高校的文化环境。但与此同时，充斥在社交媒体中的负面信息，例如一些网络谣言、违法信息以及网络诈骗也会对大学生甚至是高校文化环境带来负面冲击。

3.网络直播

随着2016年直播元年的到来，网络直播悄然兴起并迅速发展，大学生群体是其中的重要组成部分，许多大学生乐于用观看直播的方式打发闲暇时间，也有一部分学生则加入了网络主播的阵营中。网络直播这种新型媒介的便捷性和强有力的互动性使人们足不出户就能了解外界的人与物，有利于高校学生更全面地认识社会，但其中一些低俗淫秽以及负能量的直播演出也会对大学生的社会观和价值观产生负面冲击，这需要直播的主体方加强监管的同时，大学生要有正确的三观认识并提高自己辨明是非的能力。

综上所述，新媒体时代下网络文化对高校文化环境乃至整个社会文化环境都有着举足轻重的影响。就文化价值来说，其促成了文化传播方式的改变，由单向传播向互动式传播发展；就社会价值和社会交往来看，网络文化已成为大学生群体特有的生活态度和生活方式，依托于互联网的社会交往也打破了传统的社会交往模式，极大丰富了社会交往的内容。但是，我们也不得不承认，新媒体对于高校的思想政治教育有着严重的负面效应。这是因为高校的思想政治教育主要以主流文化和精英文化为基础，而在新媒体环境影响下，高校的思想政治环境已经发生了较为明显的变化，传统的思想政治教育失去其原有的文化环境已成必然。首先，新媒体时代下的思想政治教育的有效开展，离不开与之相伴的文化环境的辅助，否则就会使教育演变成单纯的说教，难以实现社会道德的有效传递。其次，在新媒体时代，高校思想道德教育工作者的权威在逐渐丧失，新媒体时代动摇了以往传统的知识传承习惯，技术文化已经超越了传统人文知识文化而在高校文化环境中占据主要地位，这使得富有创新精神且易于接受新鲜事物的年轻一代大学生群体成为新文化的拥有者，进而弱化了传统高校思想教育工作者的权威，对高校文化教育产生了负面影响。最后，在新媒体时代下，社会道德标准被娱乐化的趋势愈发明显，当代大学生生吸收了网络文化中的许多负面能量，树立了歪曲的社会观、道德观和价值观。面对如此的文化环境、关注重建当代大学生的社会责任感、诚信原则以及树立正确的是非观，已成为新媒体时代大学生思想政治教育亟须解决的问题。

新媒体以其传播快、覆盖广、影响大等特点，在新闻宣传和舆论引导方面日益发挥重要作用。官方新媒体公众账号已成为校务公开、服务师生的重要载体，成为密切联系师生、改进工作作风、引导校园舆论、塑造学院形象、建设网络文化的重要措施。

高校各系、各部门要按照党管媒体的原则，增强对互联网发展的适应性，主动把握网络舆论导向的主动权，学院提倡各系、各部门和学生组织建设必要的官方新媒体平台。本书所指新媒体包括但不限于微博、微信、抖音、小程序、社交网站（如人人网）、移动客户端（APP）、网络视频、移动电视等在新的技术支撑体系下出现的媒体形态。

三、技术环境的多样化

技术环境对高校的思想政治教育环境起着重要的支撑作用，而当今新媒体的广泛应用，给高校的思想政治教育的技术环境带来了很多变化，有积极的方面，也有消极的影响，我们从三个方面来分析新媒体下技术环境的改变所带来的利弊。

（一）信息传播渠道多元化

新媒体与传统媒体相比，信息量大、信息面广，传播量更大且传播速度更快，而且新媒体依托互联网技术的高速发展，形成了涉及全面领域的网状体系。在新媒体时代下，教育者可以通过互联网的终端应用获取大量的信息资源，比如，通过登录门户网站搜索相关领域的相关知识；关注微博自媒体和微信自媒体的公众号观看新闻和社会热点事件；登录知网查询资料、查阅文献，了解最新的研究发展动态。同时，多元化的信息环境也能使大学生通过新媒体随时随地获取相应的知识，大幅度提升了思想政治教育的传播效率。但与此同时，多元化的信息传播渠道所传播的海量信息也包含许多腐朽思想以及消极观点，这对于那些涉世未深的大学生来讲，如果只被动接受而不去主动思考，势必会影响他们的道德观和社会观，与高校所传播的社会主义核心价值观背离，带来负面影响。

（二）人际关系虚拟化

新媒体技术的广泛应用，逐渐改变了人际关系中面对面的交流传播方式，如今人人都可以是信息的发布者、消息的传播者，人际关系呈现出虚拟化。首先，它对于高校的思想政治教育有着积极的促进作用，这种虚拟化的人际关系可以让大学生畅所欲言，有利于教育双方进行真实的交流，使得大学生思想政治教育者可以拉近与学生的距离，了解到他们内心真实的想法。但是人际关系虚拟化的副作用也暴露无遗，在网络中，由于缺乏必要的监管，同一个人的身份可以是多重的，任何人都可以使用不同的姓名，性别和年龄与他人交流，久而久之会使人与人之间在现实生活中的距离越来越远。同时，由于网络监管机制还不完备，道德与法律的约束作用较小，大学生们的素质状况不一、自我约束能力较差，可能会出现较为极端的行为，后果不堪设想。当前，大学生思想政治教育的改革进程远远跟不上新媒体发展的步伐，这也需要大学生思想政治教育者做出更多的努力和尝试。

（三）教育平台多样化

传统的大学生思想政治教育主要以课堂为主，而新媒体技术为高校的思想政治教育塑造了全新的平台，在教育通道上由传统的单向单维度向多角度、多维度转换，同时也依托互联网技术实现了视频、音频以及手机移动端的授课，使传统思想政治教育平台由单一化向多样化转变。但教育平台的多元化也给大学生思想政治教育舆论导向控制增加了难度，不同平台的教育导向可能千差万别，且不能保证每个平台的导向都是积极正能量，网络监管难度也较大，从而使舆论引导在大学生思想政治教育工作中的效果明显减弱。

社会、文化、技术是新媒体对大学生思想政治教育环境影响最大的三个方面。社会环境的时代化、文化环境的复杂化、技术环境的多样化是其最鲜明的特征，只有把握好这三者的关系，大学生思想政治教育才能与飞速发展的新媒体并肩齐驱，借助新媒体这个推力更好地发展。

第三节　新媒体对高校大学生的影响

一、新媒体环境影响大学生思想政治教育的理论基础

（一）社会存在和社会意识关系理论

唯物主义历史观认为社会存在和社会意识的关系是辩证统一的，它科学地指出了社会历史也具有物质性。马克思主义认为："社会存在是处于第一性，社会意识处于第二性，社会存在的变化决定社会意识的变化，社会意识反映了社会存在。"社会意识具有相对独立性，正确的社会意识对社会存在的发展具有促进作用，错误的社会意识对社会存在发展具有阻碍作用。社会意识和社会存在辩证关系的理论是新媒体环境影响大学生思想政治教育的理论基础，主要表现在以下两个方面。

其一，人的思想意识的形成和发展受社会存在的影响，由社会存在决定。外部环境作为一种客观的物质存在，能够影响到人们的思想意识，所以思想政治教育必须充分认识教育客体所处的环境，充分认清外部环境对思想意识的影响，并把握其规律，这对大学生思想政治教育的有效开展具有重要意义。新媒体环境作为一种客观的社会存在，它的存在是不以人的意志为转移的，新媒体环境对思想政治教育的环境产生了重要影响，改变和影响了教育客体的思想意识，从而影响了思想政治教育的效果，这就必须充分认识新媒体环境下大学生思想政治教育的各种因素之间的相互作用，只有这样，才能让大学生思想政治教育运行的各个系统要素适应新的环境。

其二，人的思想意识具有相对独立性，表现为对社会存在的反作用。现实社会中，人们是在思想意识的指导下进行改造世界的活动，而正确的思想意识才能帮助人们顺利进行改造世界的活动，错误的思想意识会阻碍人们改造世界的活动。新媒体环境下大学生思想

政治教育过程中，大学生具有主观能动性，然而由于新媒体环境的复杂性，大学生思想意识难免会产生偏差，其错误的思想意识容易对大学生思想政治教育的开展造成一定的阻碍作用。因此必须引导大学生积极应对新媒体环境，引导其正确思想意识的形成，为思想政治教育提供正确的意识指导，抵制错误意识的干扰阻碍。

（二）人的全面发展理论

人的全面发展理论是马克思主义理论中的重要科学理论，它为我们确定教育方针、教育目的提供了重要理论依据，马克思主义的最高价值目标是实现每一个人自由全面发展。马克思主义认为，个人的全面发展是相对于个人的片面发展而言的，它的本来含义是指每一个人的智力、体力在社会生产过程中尽可能多方面地、充分地、和谐地发展，生产劳动和智育体育相结合是造就全面发展人的唯一方法。新媒体环境下大学生利用新媒体技术进行交往，交往形式变得多样化，有利于大学生人际关系的发展，使大学生的社会关系丰富。大学生作为社会的一员，其全面发展离不开社会，新媒体丰富了大学生社会人际关系，为其实现全面发展打下了社会关系基础。因此必须积极引导大学生健康的社会关系的形成，这样才能有利于大学生全面发展。

（三）大学生思想政治教育理论

第一，思想政治教育方法论。思想政治教育是教育者对受教育者实施教育影响，而实施教育影响的手段叫作思想政治教育方法。思想政治教育方法在思想政治教育过程中具有重要意义。思想政治教育方法不是一成不变的，要根据教育对象和教育环境的变化而进行有针对性的选择，要随着环境的变化而变化。如果不注重客体环境的变化，盲目采取思想政治教育方法，思想政治教育效果将不明显。新媒体环境下，原有的方法已经不适用于新环境下的教育，必须充分认识客体和环境以及其他因素的变化，科学使用思想政治教育方法，才能达到良好效果。

第二，思想政治教育载体论。思想政治教育的载体是思想政治教育活动的一种形式，它承载着思想政治教育的因素，并能传达思想政治教育因素给受教育者，且教育者和受教育者可借此发生作用，是思想政治教育过程中不可或缺的因素。它的表现形式有很多，如活动载体、管理载体和大众传媒载体等。教育者正是借助这些载体对受教育者施加教育影响，从而达到一定的教育目的。要成为思想政治教育的载体就一定要同时满足两个条件：一是这种形式必须承载思想政治教育的信息，包括目的、内容信息等，同时能为思想政治教育者所操作和把握；二是这种形式必须把教育主体和教育客体联系起来，并使主客体发

生互动。所以，思想政治教育过程具有互动性。新媒体具有承载、传递信息的功能和联结主客体的功能，是思想政治教育的重要载体。充分利用新媒体、加强对新媒体的管理，使之适合大学生思想政治教育，适应中国特色社会主义和谐社会的要求，有利于大学生思想政治教育的有效开展。

第三，思想政治教育环境论。环境是一种客观现实，这种客观现实是在人们周围存在的，并能对人的思想产生影响，也可以说是人们生活范围内的外部条件的总和。思想政治教育环境首先会对教育对象思想意识的形成和发展产生影响，其次对思想政治教育活动也会产生影响。思想政治教育的环境是一个特殊的环境系统，其特殊性表现在，这个环境只有对思想政治教育活动和教育对象思想意识的形成发展产生作用时，才会被称作是思想政治教育的环境。也就是说，思想政治教育环境因素是由环境中那些与思想政治教育活动、人的思想品德形成和发展有密切关联的因素所构成的。新媒体作为思想政治教育的环境因素，能够对思想政治教育活动和教育对象的思想意识造成重要影响，所以必须充分认识新媒体环境对大学生思想政治教育的影响。

二、新媒体对大学生的影响

（一）生活方面

新媒体技术的发展，使得多样的媒体形式渗透到大学生生活和学习的各个方面，对大学生的衣、食、住、行等都起到了深远影响。比如，基于网上购物平台的不断完善和物流水平的提高，新媒体改变了当代大学生的购物方式，比较有代表性的就是在淘宝、天猫等购物网站上购买生活所需。

新媒体的应用，使大学生的生活发生了深刻变化，其另外一个重要应用就是在通信方式上提供了多种多样的平台，例如，微信、抖音、快手等。这些大学生喜闻乐见的网络交流平台和他们的生活适应性良好，极大简化常规通信的繁杂，克服了信息交流的地域限制，增进了不同个体间的交流密度，继而拉近了大学生之间的距离。客观来讲，新媒体的广泛应用给当代大学生的日常生活、学习以及交际都带来了众多好处，但不可避免地也带来一系列问题。笔者通过广泛调研，就新媒体给大学生生活带来的负面影响，从不同方面总结如下。

1.打破了传统的生活习惯

新媒体技术提供了形式多样的诸如网游、博文、论坛、聊天工具等适用于计算机或手机的APP，大学生在生活中会对此产生强烈依赖，花费大量时间，使他们宁可少接触家人和朋友，也不愿离开手机和网络，这种生活方式已然成为现代大学生的主流特征。痴迷于新媒体提供的虚拟世界，而逃避真实的生活环境，不重视与现实中人的交际，这种病理性的依赖必然会导致他们的生存问题：他们在网络的虚拟世界里，谈笑风生、诙谐幽默，乐于与从未谋面的人进行交流；但回到真实的生活中却表现得闭塞不通、不善言辞、回避他人，更有甚者无法有感情地与人谈心。一些大学生对新媒体甚至产生病理性的痴迷，他们的生活主调是在新媒体提供的虚拟世界，现实生活的行动多半是在逼迫下进行的，这种状态如果长久地持续下去，会使他们精神萎靡、固步自封，对真实世界中的人和事愈发没有兴趣，甚至反感、抵触真实生活，没有生活追求，对他们的身体也会带来一系列的负面影响。

2.淡薄了个体间的情感联系

新媒体渗入我们的生活中，对传统交际方式产生极大冲击，由此带来的新型交际形式却给人们的关系带来了双重的影响：新媒体的便利高效性质打破时空限制，扩大了人与人之间的交际范围，也增加了个体对外交际的密度；可是，现实的情况反映出，个体间的心理距离实际上是在不断加大，人与人之间渐行渐远。就大学生而言，他们逐渐摒弃了传统的面对面的关怀、对某个问题的座谈及碰面时的寒暄等，转而习惯于透过自己喜好的聊天工具传达对别人的关注、关心。可是，这种模式化的交际并不能尽善尽美地展现出交际双方的真实情绪，达不到情感交流的目的，继而疏远了关系。这一负面影响作用在大学生与其父母的交流中尤为明显。随着时代的发展，大学生接触了更多的新鲜事物，也形成了一些对待事物特有的观念，这往往和长辈的认识有较大出入，继而影响双方的交流，不断产生隔阂。另外，新媒体为适应年轻人个性追求的需要，重视开发所谓"个人空间"，在这个空间里他们可以畅所欲言、展现自我，可是他们在无意中减小了与真实生活中人的空间，变得不那么适应现实生活。

（二）学习方面

针对新媒体技术对大学生学习的作用，多个机构都做过相应的社会调查，其中一项调查结果表明，新媒体技术深刻改变了大学生获取信息的途径和学习方式，在多数方面产生积极作用。大学生进行学习时，利用新媒体信息来源广泛的特点，将其应用到解决问题。根据调查研究，青岛民办高校大学生中有超过九成的人会使用计算机进行资料浏览和下载，超过七成的大学生经常以电子文档的形式完成作业。

新媒体技术应用到学习中，不仅可以提高工作效率，还有助于大学生快速掌握大量课本外的知识。笔者关于四所青岛民办高校大学生的调查结果基本符合上述结论，其中，近七成的受访大学生表示新媒体已经改变了他们传统的学习方式。信息滞后会造成学习和研究工作进展缓慢，新媒体技术有效避免这一问题，保证方便地提供最先进的专业知识，促进大学生知识面的扩展。现实中多数高校鼓励教师与时俱进，把新媒体技术运用到教学实践中，丰富授业模式，更高效地传授知识，这也成为教学改革的一个重要部分。

新媒体技术在提高大学生学习效率的同时，也带来了一些不容忽视的负面影响。新媒体尤其是网络媒体，提供的信息很多都是片段式或者概括式的，并不能详尽系统地对一个问题进行阐述。大学生为快速完成任务，往往不愿深入查找或研究资料，最终只是为了完成任务而进行信息采集，对问题还是没有真正地理解。通过网络可以快捷获取现成答案，有的内容甚至不需要加以修正，长此以往，这就使得大学生习惯了遇到问题就上网搜索，自主思考独立解决问题的能力逐渐弱化，对其未来的学习和科研产生负面影响。大学生尚未形成完备稳定的世界观，外界信息会对其产生重要作用，来自网络的大量良莠不齐的观点、态度会改变大学生的原有认识，应激性地做出改变。如果长期接受不良观点的侵扰，他们可能会思维局限，缺乏自主思考。最后，大量的来自新媒体的信息往往是对已有知识的总结，并无太多的创新点，大学生太依赖新媒体而减少真实生活中的讨论、交流，会造成他们脱离现实，创新能力减弱。

（三）心理方面

1.积极作用

（1）有助于塑造内涵式大学生

新媒体像一扇窗，打开了个体与世界交流的渠道，大学生可以从这个窗口获得广泛的信息、观点，可以和形形色色的人直接交流，可以获得科研的最新成果，可以发现远在天边事物的变化，这无疑会不断刺激大学生的好奇心，激发他们的探索欲和创造力，开发自我潜力。

（2）保障大学生心理健康发展

新媒体对大学生心理的影响主要通过以下两种方式完成。其一是正能量的灌输。艺术化创造的美好事物和现实中发生的正能量行为会通过新媒体传达给大学生，这必然有助于引导大学生追求真善美。其二是发泄消极情绪。大学生因生活压力而产生许多不良情绪，若得不到适时发泄，对身心健康都有影响。新媒体可以提供一个虚拟的世界，大学生可以在这里倾诉生活的压力，摆脱精神紧张，平复心情，促进心理健康。

除了新媒体方面关乎大学生心理健康的发展，学校德育建设也对大学生心理健康发展起到积极的作用。

创新德育形式，丰富德育内容，不断提高德育工作的吸引力和感染力，增强德育工作的针对性和实效性。青岛滨海学院是一所民办本科院校。建校以来，该校认真贯彻落实国家教育方针政策，坚持用社会主义核心价值体系教育学生，把德育为先、以德立校作为治校根本，取得了显著成效。

树立德育为先的办学理念。青岛滨海学院高度重视德育工作，坚持"植树先培根，育人德为本""要学做事，先学做人"的育人理念，确立"培养明德、践行、善事、创新现代公民"的育人目标，不断完善德育工作立体网络。由学校党委负责制订德育工作总体规划与实施计划，由学校行政系统负责实施，下设二级学院德育工作和学生公寓德育工作两条渠道，专门成立公寓学生德育管理委员会，负责推动德育工作进公寓、进寝室。不论评选先进还是发展党员都坚持让公寓学生德育管理委员会参与其中，以调动公寓学生干部的积极性。高校想要做好德育工作，应将其融入教育教学、学生学习生活、学校日常管理各方面、各环节，真正做到全方位育人、全过程育人。

强化理想信念教育。坚定青年学生的理想信念，根本在于使学生真正掌握马克思主义的立场、观点、方法，树立正确的世界观、人生观、价值观。青岛滨海学院坚持充分发挥思想政治理论课主渠道作用，扎实推进社会主义核心价值体系进教材、进课堂、进学生头脑工作。特别是着力深化课程改革，积极探索"问题解析式"教学方法，坚持从学生需求出发，与热点面对面、同学生心贴心，敢于直面学生困惑，善于回答学生疑惑，形成了"讲练结合、问题探究、双主体互动、体验经历"的特色教学模式，大大增强了思想政治理论课的针对性、实效性。滨海学院的实践说明，高校要做好德育工作，应积极创新内容、形式、手段，紧密结合青年学生的思想实际和接受特点。

深入开展学雷锋活动。青岛滨海学院长每年坚持开展学雷锋活动，把弘扬雷锋精神作为德育工作的重要内容，大力倡导学雷锋从我做起、从点滴做起、从身边的事情做起。着眼于提高学生思想道德素质和文明程度，积极开展倡导文明礼仪、维护校园秩序的校园文明建设和帮困解难、应急救助的社会志愿服务。为每位学生建立诚信档案，及时记录好人好事和不文明行为。学生"思想道德行为表现"成绩、操行评语和各类先进评选，都以诚信档案中的学生操行记录为主要依据。近年来，学校的学雷锋活动取得了显著成绩。青年志愿者协会从2003年成立至今，先后组织无偿献血活动50多次；大学生志愿者在校园、火车站、码头、汽车站、养老院、幼儿园等建立了67个志愿活动点，处处播撒文明、奉献爱心。青岛滨海学院的实践说明，高校要做好德育工作，应通过"道德档案""道德评分"等多种方式，建立健全学生思想道德行为综合考评制度和参加社会实践机制。

营造浓厚文化氛围。青岛滨海学院坚持文化育人，着力营造浓厚的文化氛围，让学生在耳濡目染的环境中净化灵魂、提升道德。修建以"两院院士风采""全国道德模范""感动中国人物""校园先进典范"等主题文化长廊；打造人文景观，广场上、甬道边、楼道里处处都是道德名言；组建文史、艺术、科教、普法等学生社团113个；开展学校科技节、文化艺术节、宿舍文化节等校园文化活动；投资2000多万元建设艺术博物馆。滨海学院的实践说明，高校要做好德育工作，应坚持有形载体与制度建设相结合，高度重视道德环境和校园文化建设。

解决学生思想和实际问题。青岛滨海学院始终坚持把做好德育工作与解决学生的实际问题结合起来，建立了服务学生综合体系。一是建立学生发展服务体系，帮助学生制订学习计划；二是建立困难资助服务体系，每年发放救助款100多万元，帮助经济困难的学生完成学业；三是建立就业指导服务体系，加强人生规划、创业教育指导，帮助学生做好就业准备；四是建立思想教育服务体系，围绕学生关心的热点、难点问题开展校长访谈等，与学生直接交流沟通。青岛滨海学院的实践说明，高校要做好德育工作，应认真落实以学生为本理念，尊重学生、关心学生、热爱学生、服务学生，尊重学生主体地位，了解学生需求，注重人文关怀，把解决思想问题与解决实际问题结合起来，让学生切身感受到德育工作的魅力。

（3）帮助大学生实现人生价值

新媒体传递信息具有时效性好、多元性高、空间限制少等特点，可引起社会的共鸣和讨论，大学生接触新鲜事物，视野开阔，有助于他们培养全球视角，看待问题有全局意识。这无疑对他们综合能力的提升有明显作用，给普通大学生提供更多机会实现自我。

2.消极作用

（1）带来选择困难的问题

新媒体可以就某一问题提供大批量的信息，甚至由一个关键词可以带出大量相关信息，这会丰富知识接触机会，但也相应地带来选择困难的问题。

大部分大学生并不能熟练掌握搜索信息的技巧，或者并不愿专注地去发现答案，面对海量信息往往表现得茫然不知所措、身心疲惫。在大学生好奇心的驱使下，他们在浏览信息的时候，又常常被社会新闻或新奇观点所吸引，个人情绪也会随之发生变化，情绪起伏大。基于选择的迷茫感和情绪浮动大，面对新媒体技术的海量信息，大学生会感觉焦虑、疲惫，缺乏目标。

（2）导致大学生现实交际困难

网络交流中，在形式上终归是与虚拟人物的交流，约束较少、自由随意，长期沉浸在这种形式的交流中，就会对真实世界中的交往感到压抑、不适，继而带来交际困难。

产生这种情况的原因是多方面的。例如，当代大学生表现出渴望被关注和赞扬的态势，他们从小受到家人的关怀，生活中得到的肯定较多，而对自身不足则视而不见，与同龄人的接触机会并不太多，造成他们的成长环境和走向社会后的大环境有较大出入。他们渴望在虚拟的世界中进行交流，渴望得到别人的肯定。其次，网络世界的丰富多彩，吸引很多大学生不愿走出去，而虚拟的世界只是一种群体创造，和真实世界是不同的，从而恶化了真实交流少的态势。最后，一些大学生对网络甚至产生病理性依赖，不能清晰划分网络世界和真实生活的界线，有的甚至用网络中的态度对待真实的人物，一些暴力行为出现在他们的生活中。面对新媒体技术带来的冲击，这一块工作将是高校思政教育的难点。

（3）影响大学生现实人格的健康发展

新媒体塑造的环境给个体较大的自由权限，并缺乏一定的惩戒措施，大学生在现实生活中，缺失态度转变的能力。

网络中众多的交流平台提供了一个多元的网络，每个人都可以传播自己的思想，接受不同的思想，进行站队展开争论，这种言论上接近零约束的自由，会诱导大学生对言论责任感不再重视。网络上的言论自由能够使得大学生有自我主见，为将来的社会生活增加辅助，但这一过程的弊端也不容小视。其一，过度自由的虚拟世界导致大学生的自我意识过度强化。在近乎零约束的虚拟环境中，个体间的交流带着强烈的个人色彩，习惯于用"我的方式"去思考问题、解决问题，有时候为了发泄情绪会说出过激的言论，不尊重他人。其二，虚拟世界里没有追责制度，个体行为受到的监督管制力度很小，大学生在这样的环境中责任感淡化。个体在网络中是以虚拟身份存在，其言行无关其真实社会属性，这就是网络的隐蔽性。在这种隐蔽性的"保护"下，大学生可以选择自己的身份，选择自己的方式去和他人交流，去评论社会上发生的事，而不用关心这会给自己带来的影响。以上两点内容，集中作用于大学生在真实世界中待人接物的态度，网络中的放纵甚至导致现实中的轻视法规法纪和社会道德。

（四）价值观方面

当代大学生价值观的形成受新媒体信息的影响较大，在这个过程中，有益的和有害的作用相互交集，共同影响。

1.积极影响

（1）形成"网络民主"意识

随着网络技术逐渐渗透到人们的生活中，言论自由得到迅猛发展，自由、民主追求借助网络平台得到进一步实现。针对这一现象，20世纪末期斯劳卡就提出："虚拟现实的政治，是指那些有可能永远地模糊真实和虚幻之间的界线的技术。"理论界首次将网络与民主关联起来，对后续研究有重要意义。网络世界的自由度较高，个体可以采用虚拟身份进行对话交流，去除了现实中身份、阶级、财富的差异，也没有严厉的法规法纪的束缚，人人可以自由地发表意见，做出评论，交流过程更为平等。

这种依托网络形成的民主无疑是对现实民主的一种发展，这实际上扩大了民主范围，起到了有效的监督作用，加强了社会公民的民主意识。大学生是这个社会有活力、有正义感的群体，他们熟知网络技术，深谙民主自由，对社会中出现的不公的事件深恶痛绝，他们乐于采取网络扩散的方式，揭发黑暗、伸张正义，引起大众舆论的关注和热议。在这个过程中，"网络民主"不仅为大学生提供了众多的机会和平台，还有利于他们逐步增强民主意识。

（2）加强自身主体意识

新媒体技术塑造的虚拟空间，是一个自由、交互的个性表达平台。当代大学生借助他们所熟知的微博、贴吧等形式，对他们所关注的领域尤其是社会新闻事件发表自己的意见，提出自己的建议，有时候甚至会引起大家的共鸣和讨论，这种关注会转换成成就感而使得他们肯定自我，主体意识加强。近些年来，大学生对社会问题、政府决策等的关注度越来越高，讨论越来越热烈，他们的主张见解甚至会引起社会、政府的尊重，这给予他们一种社会主人的认同感。大学生采用他们最擅长的方式参与政治活动和社会建设，做出的成绩和贡献得到了大众的肯定，这无疑有助于培养他们的主体意识。

（3）培养开放思维模式

新媒体技术打破了时空限制，让全世界互联交流变成了现实。信息的快速传播，拉近了人与人、国与国之间的关联，国际贸易、科学发展等领域已不再是一国、一人的事，而是所有国家都可以、都应该参与的事，这是人类社会发展的必然要求。当代大学生经历网络的兴盛过程，他们逐渐培养出乐于接受新思潮的习惯，而新媒体的丰富信息和前沿发展能够极大开阔他们的视野，培养一种全球思维，看待问题打破局限、着眼全局。通过网络，大学生群体不仅可以获得国外信息，还可以直接与外国网民对话，了解他们的思维方式和国家文化，这种多面向的学习过程对培养大学生的开放思维有很大的帮助。

2.消极影响

（1）缺失稳定的价值追求

新媒体技术最重要的作用，就是构建了一套跨领域、跨时空的交流平台，这个平台是引起当今百家争鸣之势的基础。以极快的速度实现零距离信息交互，缺少信息选择，一些国外糟粕文化、观点也一并通过网络传播到我国，对我国传统价值观的传承带来负面影响。在文化对决中，人们逐渐对长久以来固守的文化、思想失去兴趣，反而以讨论、实践西方文化为荣，偏离了正常的思想发展轨迹。对新思想把握能力弱，不能准确辨别真与假，对大学生群体的影响尤为严重。他们的生活环境一直是在"保护"下度过的，并没有真正深入社会体会冷暖，他们的价值观念并未最终成型，并因受外界信息的干扰和缺少正确的判定而容易发生变动。另一方面，大学生有激情，乐于跟随自己的好奇心去接纳新思潮，习惯于做浅显判定后就去实践，而不久就会厌烦一种思想而加入另外一种新思潮的行列中。对不同思想的判定能力较弱而又不断接触新鲜观点，这个过程会造成大学生价值取向变动较大，甚至某一时期处在多个价值标准的指导下，这会减弱大学生对社会主义意识形态的认同感与使命感。

（2）道德水平下降

青年人轻视甚至忽视社会道德，走向犯罪道路的事件时有发生。例如，在国内外网络犯罪事件中，犯罪人呈现年轻化趋势，据统计，80%罪犯的年龄在20～40岁，其中，有一些事件是高校大学生所为。造成这一现象的原因绝不只是学校的思想政治教育不够严密，还包括当代大学生严于律己意识淡薄，轻视法律效应，可简略概括如下。其一，虚拟世界的身份隐蔽性质是大学生责任感退化的暖窝。参与网络交流的门槛很低，并不强制要求实名制，信息交流是以虚拟人物进行的，彼此言论是经过数字化处理的，网络中的言行往往不会影响到他们的真实生活，这就给大学生造成一个错误的判断即虚拟世界是没有监督的，是绝对自由的，可以任意发表评论或者展开攻击。这种认知偏差得不到有效纠正，就会越演越烈，让大学生在虚拟世界中暴露出邪恶的面目，做出一些自己都不会预料到的犯罪活动。其二，对新媒体信息传播在法律层面和道德层面都缺少有效的监管制度。我国在这一领域缺失专门性立法，对网络犯罪的惩处也缺失明确规定。社会道德作用力因人物的虚拟化而无处着力，起不到实际作用。面对这一实际情况，高校必须要制定适合本校的规章制度。

（3）滋生"唯我独大"价值观念

新媒体建造的高自由度的交流平台，很适合大学生实现个性表达，能有效提高他们自我意识，增强自主性，但由此而来的负面作用也不容忽视。大学生生活中言论受到压制，听众也受限，在网络平台上他们受到很少的限制，可以随心所欲地传播自己的观点，致使自我意识膨胀，价值取向以自我为重点。此外，当代社会对财富、荣誉、地位的追求也通过新媒体一股脑地传递给大学生群体，价值取向不稳定的他们，很容易受到"利益为大"论调的侵染，形成追求物质的价值取向，继而忽视道德追求，使得价值观念发生失衡发展，做事不够踏实。大学生理想调查显示，当代大学生对社会、政府、国家未来发展的关注逐渐减少，而物质追求、生活享受、道德水准下降等现象却越来越多，培养大学生正确的价值追求已迫在眉睫。

（4）民族认同感弱化

新媒体继国际贸易之后，进一步把世界连成了地球村，它的作用领域在文化上。在网络交流中，各国文化、思想、观念都会相互交织彼此影响，甚至发生融合，这对世界文化的进步是有利的。文化融合也应是求同存异的交汇，而不是一家独大侵占式的融合。就目前来说，由于欧美国家的经济发展水平较高，网络技术较为先进，文化宣传力度较大，包括我国在内的发展中国家在网络文化交流中处于劣势。一些西方文化进行包装后，以影视、歌曲、文章等多种形式透过网络平台影响我国民众，致使人们逐渐淡忘本国文化传统，而对国外文化推崇备至。就像我国社科院做的社会调查显示的那样，"互联网在强化了青年地球村村民意识的同时，弱化了他们的民族意识。'新人类'的身上本来就带有很强的国际化色彩，而互联网的使用跨越了时空的界限，增强了他们作为地球村村民的意识，这有利于他们在日益'一体化'的世界中生存。与这种'一体化'意识相伴的是种族、民族意识的弱化，民族认同感减弱，民族身份逐渐消解，在某种意义上不利于爱国主义思想的形成。"

这是和我们传统意义上的"爱国主义"相悖的。西方国家在网络传播中处于主导地位，而我国网络技术发展还需要一定时日，这种发展的不平衡使得我国文化传播受到很大限制。而大学生不能清楚意识到这一现状，出于好奇而盲目推崇新型文化，接受外国一些价值观念，爱国思想淡化，民族认同感减弱。

第四节 新媒体对大学生思想政治教育工作的影响

一、新媒体环境对大学生思想政治教育的挑战

（一）新媒体环境下大学生思想政治教育者工作理念的落后性

传统的思想政治教育方法有理论灌输法，也就是平常所说的讲授法，主要表现为思想政治教育者首先具备一定的理论素质，把自身内在的理论知识，通过说教宣讲等方式灌输给受教育者，如我国高校思想政治理论课采取课堂教育方式，且课堂上没有注重学生学习的主体性，灌输教育的方式表现明显。但由于新媒体环境下，信息传播更具自由性，大学生的主体性增强，主观能动性得到充分发挥，他们可以自由表达自己的观点和想法。而传统的灌输教育法往往没有充分尊重大学生的主观能动性，一贯地进行灌输教育，容易导致受教育者的厌倦及抵制情绪。其次，以往的各高校往往更加重视网络舆情的硬性监管，比如删除不良网帖等，容易引发学生的抵触情绪，而不是充分利用好新媒体这个平台进行思想政治教育。再次，以往的大学生思想政治教育中教育者多停留在知识共享的层面即简单的内容罗列。最后，新媒体环境下大学生的学习习惯发生了改变，他们更喜欢把学习和新媒体运用结合起来，而教育者仍然通过传统的书本对大学生进行教育，极大地打击了学生的学习积极性。总之，在新媒体环境下，大学生思想政治教育工作者的有些观念已经不能适应新媒体环境的需要，迫切需要教育者改变工作理念，以适应新媒体环境。

（二）新媒体环境下大学生产生了对新媒体的依赖性

随着新媒体的发展，人的自主性和自主意识不断增强。但新媒体也存在各种束缚人主体性的因素，在新媒体的虚拟世界里，人的主体性存在逐渐丧失和被消解的危险，表现为新媒体使部分人产生了对新媒体的依赖性。

例如，随着手机通信技术的发展，手机的功能不只是传统的通话和收发短信，已经扩展到了无线上网、QQ、微信等各个方面，手机已经不仅是一种单纯的通信工具，更成为

人们获取信息的重要渠道，越来越多的人离不开手机，大学生成为"低头族"。"低头族"就是指对手机有依赖的人群。手机依赖是一种对手机的心理渴求和心理依赖，比如，手机没带就会有心烦意乱的感觉、时不时会下意识地看一下手机，这些都是手机依赖症的特征表现。大学生会对手机产生依赖性，有其深刻的原因。首先，手机新媒体功能的强大可以给大学生提供多种需求，以至于他们认为手机可以代替人与人之间的沟通与活动。其次，大学生在成长和发展的关键期，对信息和知识的渴求度较高，加上新媒体传播信息快，且信息更新快，很容易引起大学生的兴趣。最后，大学生的从众心理和大学生的自控能力较弱也是导致大学生对新媒体依赖的原因。总之，新媒体在给社会交往带来方便的同时，也给大学生的主体性带来了挑战。

（三）新媒体环境下大学生思想政治教育内容的落后性与复杂性

大学生思想政治教育包括目标的确立、内容的选择、教育影响的施加等这样一些过程。其中，内容的选择至关重要，思想政治教育内容的质量，特别是内容的先进与否直接关系着整个思想政治教育过程的进展及教育效果。先进科学的思想政治教育内容能为思想政治教育良性开展提供有力保证，必须高度重视思想政治教育的内容质量。随着新媒体的发展，大学生群体中，越来越多的人使用新媒体，各种新媒体平台上有着大量的信息，且信息的更新速度快，大学生接受的都是当今时代最前沿的信息，而目前青岛民办高校对大学生进行思想政治教育的内容仅仅局限于课本、报纸等传统的载体，所以导致了青岛民办高校大学生思想政治教育内容的滞后性。

首先，大学生通过新媒体接触的内容大部分都是贴近生活、贴近实际的，而高校课堂传播的内容偏理想性而缺乏现实性、偏阶级性而缺乏大众性，如高校课堂讲授马克思主义基本观点以及社会主义的教育，而对大学生实际需要缺乏关注，这些都是大学生思想政治教育内容与时代不一致的表现。其次，新媒体环境由于其传播内容的自由性，加上监管技术及力度的不够，很容易造成不良信息的泛滥，加上外来思想文化的冲击，从而导致传播的内容复杂化。这些都是新媒体环境给大学生思想政治教育内容带来的挑战。

（四）新媒体手段加大了大学生对信息选择的难度

大学生思想政治教育工作必须采取一定的手段和措施，才能顺利进行，从而达到预定的目的。新媒体能够容纳大量信息、含有丰富的资源，而且传输速度较快、交互性较强、覆盖的范围较广泛且信息的表现形式多种多样。因此，很多高校运用新媒体对大学生进行思想政治教育，已经成为大学生思想政治教育常用的重要手段之一。新媒体的传播有自由、随意性的特点，是体现个体性的媒体，因此，在对新媒体信息的选择、传播的管理与监控方面都有很大的难度。高校在进行思想政治教育时，会接触到大量的网络信息，教育者可以对大量的信息资源进行筛选，选出有针对性的时事材料、理论成果、典型事例，并灵活地利用其进行思想政治教育活动。在这一过程中需要人们对网络信息价值进行分析，从而对信息进行判断和取舍。然而，随着新媒体技术的发展，信息选择的难度不断加大。从网络媒体方面看，由于网络环境相对自由，所以用户在使用网络的过程中各方面的限制性相对较小，信息的发出者为了自身的利益，而发出一些不符合实际甚至是虚假有害的信息。对于网上的一些信息，受教育者很难追查其真实来源，也很难核实其可靠程度，甚至这一点也被不法分子所利用。在这种背景下，教育者对大学生进行信息选择的指导也具有很大的难度。大学生在面对大量的信息时也显得不知所措。总之，新媒体在传递思想道德知识的过程中具有很高的效率，但是新媒体的信息量大且选择具有矛盾性，所以大学生思想政治教育者必须正确引导大学生对信息进行科学理性的选择，使思想政治教育的目标顺利达成，这都是新媒体环境下大学生思想政治教育所面临的挑战。

（五）新媒体环境下大学生思想政治教育环境面临霸权文化与多元文化冲击

新媒体环境是个开放性的环境，加上各国的历史条件和社会背景的不同，使得网上传播的文化呈多样性特征。特别是美国凭借其技术优势，其国家文化已成为互联网上的流行文化，并逐渐对他国的文化产生侵蚀作用。网络文化领域的霸权现象多种多样，但总的来说都是采取种种措施，对文化的交流形成一种障碍，从而达到文化霸权的目的，如互联网上"英语文化"的盛行就是西方网络霸权文化的重要表现。

新媒体技术下的网络文化不但存在霸权主义的文化，而且并存着多样性文化。网络中的文化基于现实世界中的文化，由于各个地区与民族之间的文化各有不同，反映在网络中的文化也会多种多样。同时，文化与政治也是有着密切关系的，当今世界政治是多极化格局，文化也必然呈现出多样化的特征。然而，每个国家都有自己主流的意识形态，都是独立的主权国家，必然有各自的主导性文化。各国主导性文化的不同也就使网络中的文化多种多样，呈现出多样化的特点，即网络文化的多元化特征明显。所以，大学生思想政治教育会受到霸权文化与多元文化的冲击，这也是新媒体环境下大学生思想政治教育所面临的挑战。

二、新媒体环境与大学生思想政治教育的机遇

（一）新媒体环境保证了大学生思想政治教育的主体性

作为思想政治教育的主体，教育者在思想政治教育过程中发挥着重要的作用，承担着重要的职能，所以充分发挥教育者的作用和职能，能够保证思想政治教育工作有序开展。随着新媒体的发展，教育环境发生了改变，大学生思想政治教育的主体性活动也发生了一定的改变。传统的媒体环境下教育者主要是面对面地讲授理论，而新媒体环境下教育者多利用媒体技术进行信息的发布，发布健康向上的信息，阻止一些不健康的信息进入新媒体平台，从而教育大学生积极向上，使思想政治教育达到一定的积极效果。新媒体环境下大学生思想政治教育中教育者有以下一些特点：第一，具备一定的信息素养、网络技能，这是在新媒体环境下教育者必须具备的基本技能和素养；第二，教育者必须具备良好的品格，充分了解大学生的思想实际状况和身心发展规律，并不是简单的口头教育，而是达到教育者与受教育者心与心的沟通，引导大学生全面发展。

传统的课堂面对面教育中，教育者与受教育者之间的沟通往往不能顺利进行，主要是受教育者与教育者的思想水平以及规律都很难契合，所以很难达到教育目的。同时，传统教育中教育者往往在地位上被看成是在受教育者之上，这种观念对思想政治教育的开展造成了障碍，使教育者与受教育者之间产生隔阂，从而很难取得一定的思想政治教育效果。在新媒体环境下，教育者和受教育者可以通过具体的新媒体平台进行沟通交流，面对面交流的隔阂就消除了，同时紧张感也消除了，便于双方自然平等地交流沟通。因此，在新媒体环境下，教育者和受教育可以更好地发挥各自的主体性，达到良好的思想政治教育效果。

在大学生群体中，受环境以及自身心理特点的影响，有些大学生容易出现各种各样的心理问题。在传统的思想政治教育环境中，大学生不愿意把自己的心理问题说出来，往往是独自承受，以至于日积月累引发更严重的心理疾病。在新媒体环境下，大学生可以利用网络平台把自己想要表达的内容发布到网络上，也可以利用网上聊天工具与教育者沟通，如把自己的心理问题通过微博、小视频的形式表达出来。通过这些网络平台，大学生在传统媒体下的被动接受转变为新媒体环境下的双向互动，大学生思想政治教育过程中双方的主体性不断增强。

（二）新媒体环境增强了大学生思想政治教育的吸引力

在大学生思想政治教育过程中，教育者对受教育者所施加的教育影响起着重要的作

用，这样很容易认为教育者占主动地位，而受教育者是占被动地位，这一理解显然不准确。受教育者并不是完全被动地接受教育者对之施加的教育影响，而是具有一定的主动性，也就是常说的能动的反作用。这种反作用是教育者与受教育者之间的双向认知、互为作用的关系，并因此形成一种教育合力。正是这种合力的影响与作用，推动着思想政治过程的有序进行。新媒体首先是一种信息传播的工具，但是相对于传统媒体而言，它形式新颖，更加具有感染力。利用新媒体，可以使教育者和受教育者之间实现互动，从而调动大学生学习的积极性、主动性。比如，青岛地区民办高校调查显示，现在的大学生有80%以上喜欢利用网上聊天工具与人沟通，可见大学生中大多数人是渴望并乐于与人沟通的。在网络中，由于空间的虚拟性，大学生更加容易把自己的内心敞开，在交流过程中更容易达到一种潜移默化的效果，从而增强思想政治教育的实效性。

在传统媒体环境下，大学生思想政治教育主要是采取理论灌输式的方法，主要是教育者把自己所领会到的知识通过口头表达，以纯理论的形式讲授给受教育者，使受教育者在思想上接受观点，经过内化与外化达到教育目的。但是由于受教育者有着自身的思想特点，教育者掌握的知识也是有限的，加之传统的灌输式过于单一与枯燥，受教育者往往处于被动接受的地位，容易产生抵触情绪和逆反心理，达不到预期的教育效果。新媒体则集合了电视、广播、报刊等的特点，可以把一些枯燥无味的学习资料，通过音频、视频、动画等的加工，让原本死板的知识变得灵活生动，充分调动学生的学习兴趣，让思想政治教育过程更加具有吸引力。

所以，新媒体本身具有很大的感染力，能够调动受教育者的学习积极性。让思想政治教育方式更加生动，教育内容也能更容易被大学生所接受，极大地增强思想政治教育的实效性。

（三）新媒体拓展了大学生思想政治教育的时空性

新媒体技术具有快捷性和开放性的特点，可以摆脱时间和地域的限制，大学生只要具备一定的上网条件就可以查阅资料、搜集信息等。"网络上任何一个网点发出的信息都有可能迅速波及全球，辐射至每个角落。"所以大学生思想政治教育已经不仅仅局限于一定的时间和空间。在新媒体技术支持下的网络上，只要具备了一定的设备和技术，每个网民都是主体，无论身在什么位置，都可以自主发布信息，同时，也可以主动接受自己所需要的信息。

传统媒体环境下，思想政治教育多受到时间和空间的限制，必须在一定的场所和一定的时间由教育者实施教育影响。新媒体环境下，特别是网络媒体的发展，思想政治教育平台得到拓宽，如利用网络电子邮件、QQ、微信等就可以实现随时沟通交流。同时，这也充分体现了新媒体的时效性特点。利用新媒体手段可以随时交换各种信息，使大学生思想政治教育打破时间上的限制，同时，利用新媒体手段也可以没有地理空间的限制。高校已经不再有"围墙"，而是在新媒体环境下更加开放，不同地区和国家的学生可以利用新媒体进行交流，不同学校或者同一学校的老师和学生之间也可以不受时空限制自由地交流。新媒体正成为教育者进行思想政治教育重要手段，并且优势越来越明显，使大学生思想政治教育更加直观、深入。

（四）新媒体环境形成了大学生思想政治教育的新合力

要使大学生思想政治教育达到预期的效果，必须依靠学校、家庭、社会各方面的共同努力，形成教育合力，才能有效促进思想政治教育。在传统媒体环境下，大学生思想政治教育容易受到时间和空间的限制，学校、家庭、社会之间往往很难相互沟通，三者之间难以达成统一的共识。一般是学校起着主要作用，家庭和社会对大学生思想政治教育不重视。大多数学校进行思想政治教育工作主要是在学校课堂内，没有很好地与家庭、社会进行合作。

新媒体环境下，家长可以方便地得知孩子在学校的表现，同时家长也可以利用这些平台与教师取得沟通，这样大学生的思想政治教育就形成了一种教育合力，思想政治教育过程也就更加科学、合理、有效。同时，大学生思想政治教育不但离不开家庭环境的影响、需要家庭的介入，而且同样离不开社会环境及社会的教育与支持。社会环境包括各行各业的各种社会组织所组成的环境，各行各业的社会组织都有形或无形地承担着对大学生的思想政治教育的任务，如果社会没有重视对大学生的思想政治教育，那么就是没有承担相应的社会责任。社会环境的影响主要表现在各行各业的社会组织对大学生进行社会上的拜金主义、享乐主义以及法制观念淡薄等消极影响的教育。社会组织可以充分利用网络平台，发布积极向上的信息，使大学生的品格提升，促进其践行社会主义核心价值观。所以，新媒体技术环境下大学生思想政治教育逐步实现了网络化，形成了家庭教育、学校教育与社会教育为一体的教育新合力。

（五）新媒体环境丰富了大学生思想政治教育内容

思想政治教育内容是思想政治教育过程中的一个基本因素。在我国现阶段，思想政治教育的内容主要以社会主义核心价值观的教育为核心。一方面，新媒体环境下的社会环境更加开放，信息的传播更加自由化，促进了世界各种文化的渗透，使得新媒体传播的内容多种多样。另一方面，新媒体技术有丰富开放性特点，新媒体平台可以承载多种多样的内容，这就为大学生思想政治教育提供了各种素材，克服了传统媒体环境下思想政治教育内容的单调性，使思想政治教育内容更加丰富生动。正是由于新媒体环境下信息的海量性、复杂性，大学生往往对其生活的周围世界产生疑惑，这就迫切需要思想政治教育者针对大学生提出的问题作出科学回答，引导他们的认知、价值、态度及行为，这些都扩大了大学生思想政治教育的范围。新媒体将思想政治教育的内容不断整合，并糅合在新媒体之中，不断地丰富着大学生思想政治教育的资源和内容，如很多高校都利用思想政治教育主题网站进行思想政治教育，网站内容的多种多样明显消除了以往思想政治教育内容结构单一的弊端，这些都表明新媒体对思想政治教育内容的丰富化起了重要作用。

三、新媒体对思想政治教育工作者的影响

（一）主导地位影响

1.积极影响

（1）有利于大学生思想政治教育工作者掌控工作的主导性

在几十年前，甚至近几年，不少地方的高校仍旧沿袭着常规、老套的思想政治教育方式。传统方式主要是老师讲、学生听，表面上看主要由教师将知识灌输给学生，没有什么不妥。但是，大学生是个思想开放、心思敏感的群体，尤其个体之间心理状态差异较大。古板的教学模式满足不了他们追求新奇的心理，因此教学效率难以提高。新媒体教学方式使原本乏味的思想政治教育课变得有吸引力。首先，新媒体是双向的，教师可以通过新媒体了解大学生心理状态等信息，站在学生的立场上，了解其思想内容，这对解决大学生思想问题非常有利。其次，社会发展日新月异，新媒体收集信息范围广、速度快，在如今社会中出现的一些新的问题能够凭借新媒体及时、迅速地传播开来。这种问题往往反映了新时期人们心理状态的变化，因此只需对事件进行必要的处理，就能成为典型的教育案例。并且，由于这些案件是真实的，能使大学生感觉到思想政治教育更贴近生活，既新潮生动，又解决了传统方式教育枯燥的问题。再次，新媒体包括多种多样的方式，教师能充分发挥能动性，将文字、声音、图画交织在一起，从视、听、说各个方面带给大学生感官刺激，让大学生逐渐对思想政治教育课程产生兴趣。

（2）有利于大学生思想政治教育工作者增强工作的互动性

在传统思想政治教育中，教育工作者更为主动，为教育的主体对象；学生多被动，为客体。主体与客体要做到足够的沟通，才能实现教育的意义。高校中教师与学生，即主体与客体之间能否进行充分的思想交流，是教育成功与否的关键因素。但很多高校教师仍然

不能转变观念，自恃为老师，将自己与学生放在一个不平等的地位上，这必然导致主体与客体之间交流的障碍。在以新媒体为主的今天，网络是一个虚拟的空间，任何人，不论年龄、学历、地位，都能自由发表自己观点。这一特点将教育者与被教育者的距离拉近了，教师无法再保持其原先的高姿态，而必须与学生平等互动。在这样的教学环境中，师生关系更为融洽。教师可以进一步了解学生所想，了解学生心理状况，进而针对大学生中普遍存在的思想政治问题制订解决方案。

（3）有利于大学生思想政治教育工作者实现工作的高效性

大部分高校所采用的传统思想政治教育方式是通过课堂参与、师生间的相互交流。然而，这些方式虽成熟，但是没有新意。在发展速度日益加快的今天，传统教育方法难免显现出其落后的一面。如今新媒体以快速、普遍的特点，弥补了传统教育的劣势。它无时无刻不在记录着社会生活中的点点滴滴，这为思想政治教育提供了最好的事件和案例，以真实鲜活的事件来进行教育，改变了传统教育中效率低的困境。新媒体具有多种新型特点，能够不受时间与空间的束缚，网络覆盖在每一个角落。只要有新媒体，就能随时随地向全世界分享最新、最热的时事。时事动态往往体现大众的最新的思想变化，教育工作者可以借此深入了解大学生问题，进而找出解决方法。新媒体还能以个性化的方式，将教育内容以最快的速度传播出去，让大学生更容易接受；另一方面，新媒体使得教育地点不再仅仅是教室等规定的地方，而是可以通过手机、计算机等媒介随时随地接受教育，因此思想政治教育的效率被大大提高。

2.消极影响

新媒体在大学生思想政治教育工作中的积极影响的确有很多，但新媒体并不是完美无缺的，以下本文将介绍新媒体的几点不利之处。

（1）大学生思想政治教育主导地位的权威性受到一定消解

在使用新媒体教育方式的课堂上，教育工作者与被教育者都是平等的，没有地位上的差别。这虽然使师生关系更为和睦，但也带来了一些问题。首先，新媒体面向所有人，而不仅是教育主体。大学生思想政治教育工作者并无过多关注新媒体的时间，绝大部分教育工作者需要兼顾工作与家庭的事务。大学生相对自由时间多，又普遍容易接受新事物，对新媒体热衷程度远高于教育工作者，因此往往大学生通过新媒体得到的信息量更大。大学生在新媒体信息资源方面了解更多，给一些教育工作者的权威带来了威胁。其次，网络是一个看不见摸不到的虚拟空间，任何人都可以在网络中畅所欲言。大学生不愿再接受教师的强制灌输，而更愿意选择能令自己信服的观点。他们自己会从形形色色的观念中选择自己认可的，而不再是像传统思想政治教育方式那样对主体教授内容全盘接受。传统的教育工作者拥有较多的信息途径，在教育过程中占有理所当然的优势地位，而新媒体的出现使这种优势慢慢趋向于消失，教师在学生眼中不再是绝对的权威。尤其，目前仍有部分教育工作者没能适应新媒体思想政治教育的特性，方式依然老套，更加剧了主体权威地位受到的威胁。

（2）大学生思想政治教育主导教育的思想性受到一定损害

当前的思想政治教育处于传统方式与新媒体方式的过渡阶段，部分教育工作者不能适应新媒体教学，表现出两种过度的状态。

第一，认为新媒体有害无利，继续沿用传统教学模式。这造成的结果是教学模式严重落后，更得不到学生的认可，其中一部分较为古板的老师甚至招致学生们的反感。

第二，则是另一种截然相反的情况：为了达到与大学生思想观念一致的目的，对新媒体全部肯定、过度追捧。教育工作者表现出的这两种极端态度，究其原因都是没能深入了解新媒体。新媒体的确有糟粕，但整体还是利大于弊。这两种观念不仅阻碍了新媒体在思想政治教育中的运用，还使教育者自身思想出现问题，更不利于教育大学生的思想向正确的轨道发展。

（3）大学生思想政治教育主导方式的有效性受到一定弱化

新媒体出现后，时空不再是局限信息传播的因素。即使隔着千山万水，需要时也能第一时间开展教育工作。但是，这也削弱了传统教育方式中以面对面的课堂教育、交流谈心等原始方法为主的自然性。传统教育方式的确有不适应社会发展的地方，但是有些优点也值得继承。与冰冷的手机、计算机相比，面对面的方式更具温情和人情味，主体与客体都能通过观察对方的言语神态、肢体动作等，体会对方的心理变化。新媒体不具备这一特点，如今大学生通过网络进行社交活动，一定程度上减少了实际生活中的社交，这也对他们认识他人、表达自己的方式产生影响，又因新媒体具有很大的自由性，人们的思想可以通过新媒体得到最大限度的传播，社会中的人良莠不齐，大学生也有很大的概率接触到不健康的信息，进而对其产生负面影响。由于我国网络起步较晚，网络监管方面经验不足，监管制度目前仍有不足，也加大了思想教育的管理难度。传统的教育方式是通过教育工作者的言传身教使被教育者逐渐被熏陶，与之反差巨大的新媒体影响力大、速度快。如何正确利用新媒体来提高教学效率，减少其在教育中的一些不规范之处，对许多高校来说仍是一个值得深究的问题。

（二）教育模式影响

1.积极影响

（1）拓展了大学生思想政治教育

长久以来，传统教育方式对思想政治教育发挥了不可磨灭的作用。由于曾经信息技术落后，思想政治教育所需的素材信息不够丰富，接受教育的客体局限在一个小范围之内，教育工作者们思想观念没有创新，都造成了大学生思想政治教育的效果不显著。随着社会进步日新月异，新媒体将信息最大程度地呈现给人们，使教育资源大大丰富。首先，可以从新媒体包含着的大量的、难以计数的信息看出，新媒体可以将网络中充足的资源用以丰富思想政治教育。与此同时，由于新媒体信息表现出多样性特点，教育工作者对信息可以拥有更多的选择；新媒体真正使地球变为"地球村"，全球各地人们都能通过新媒体迅速产生联系，各种信息也能随时共享，来自全球的资源对扩充政治教育内容有很大帮助；教育工作者通过新媒体能迅速完成最大量的信息收集，将其中具有教育意义的材料作为教材，用于完成对大学生的思想政治教育，提高教育效率。其次，新媒体以其多种多样的表现形式，改变了传统教育方式的枯燥、呆板，用三维动画、音频、视频等技术使思想政治教育变得生动，学生的学习热情也被激起。

（2）更新了大学生思想政治教育工作者的教育方式

第一，传统教育老师与学生接触的信息途径都很有限，信息获取相对比较闭塞。新媒体为人们提供了更多得到信息的途径，使教育工作者在工作中、学生在接受教育时，都能有充分的教育信息。

第二，即使在大学，仍旧有许多学校采用中学那种填鸭式教育法，传授给学生固有的、死板的东西。新媒体改变了这种情况，在课堂上以学生为主，老师为辅，充分调动大学生思考和研究的积极性。

第三，传统的教育方法是教师授课、学生听课，教师将自己的知识传给学生，师生关系不平等。新媒体为每个人都搭建了一个平等的舞台，所有人都能利用新媒体的舞台进行沟通，教师与学生们相互学习，互相吸取对方身上的闪光点。

第四，新媒体让思想教育工作者开始扮演为受教育者服务的角色。传统教育中，学生必须对老师唯命是从，而新媒体更倾向于对学生进行引导，启发他们自己去探索和发现，激发学生利用和学习相关信息的热情，由此其教育效果就更为显著。

（3）丰富了大学生思想政治教育工作者的教育手段

随着新媒体在高校学生中的普及，学生对其热衷程度越来越高。这不可避免地引起教育工作者的关注，尤其是思想政治教育工作者倍感当前教育方式已落后，必须灵活使用新媒体教学才能不被时代潮流抛弃。思想观念发生变化之后，大学生思想政治教育方式的改革会进行得更加顺利，各种教育手段层出不穷。高校学生熟知新媒体社交，高校教育者正是充分利用这一现状，以这些多样的途径来加强对学生思想状况的了解，这已成为高校进行思想政治教育新的方法，本文以青岛民办高校贴吧为例来具体说明。在各个高校的贴吧中，都有许多学生畅所欲言，将自己对学校、对某一老师、或者对某同学的不满、喜爱毫无顾忌地表达出来，贴吧中往往是大学生们最真实的想法。对思想政治教育工作者来说，通过经常浏览学生关注的贴吧来了解其思想内容，是一个不错的选择，也可以利用这些受欢迎的手段，将思想政治教育内容传播开来，用这种新的方式实现师生间的互动交流。青岛民办高校的思想政治教育工作者可以经常关注一些学生的社交活动和方式，更深入地了解学生们的思想内容，才能更好地去与学生进行思想上的交流。

2.消极影响

（1）新媒体的发展使高校现有的思想政治教育模式受到冷遇

新媒体教育方式的兴起使得传统教育方式受到了极大的冲击，人们在新媒体出现的初期不可避免地出现一定程度的迷茫。新媒体主要通过网络来传播分享信息，而网络是虚拟的。在网络世界里，人们在现实中习惯的一些方式都需要发生改变。这种改变对大学生思想政治教育有许多不利。首先，大学生普遍接触新媒体较多，受网络影响大，虚拟环境下的交往、认知等方式都可能影响到其在现实中的生活状态，在不知不觉中习惯于虚拟空间的方式，从而对学校的教育模式产生不适应，甚至反感。其次，教育工作者熟悉的传统教育模式日趋落后，在教育方法、教育思想上都缺乏科学理论的指导，与新媒体相比显现出许多弊端。新媒体教学是时代进步的必然产物，如何将新媒体的特点与思想政治教育完美融合，依然任重而道远。

（2）新媒体的发展使高校现有的思想政治教育引导功能受到制约

新媒体出现之前，负责社会价值的宣传、承载等工作的主要是新闻一类的媒体，并在国家政府的指导之下。新媒体出现之后，各种各样的媒介先后问世，虽然新闻仍旧是传播社会价值的重要途径，但是已不再占主导地位。在丰富传播方式的同时，新媒体也出现了新的问题。新媒体以网络为依托，网络的虚拟性使得新媒体所传播的内容良莠不齐，既有积极的、正面的内容，又有消极的、负面的内容。更有甚者，许多不法分子利用新媒体宣扬违法的、反动的思想，散布虚假信息。大学生还未踏入社会，社会经验不足，辨别是非的能力也不足，强烈的网络文化冲击可能会造成其价值观的扭曲，进而加深了思想政治教育的难度。既然选择新媒体教育，在利用其优势的同时，也必须深刻理解新媒体的弊端。在如今教育模式改革之时，克服新媒体这一缺陷也是高校教育工作的重中之重。

（三）自身素质影响

1.积极方面

（1）拓展了大学生思想政治教育工作者的视野

如今的信息时代，人们的生活与工作都离不开新媒体。新媒体带来的信息量是无法估量的，而这也势必给人们思想带来很大的变化。新媒体在短短数年内就得到了广泛的接受与认可，这与其能充实人们知识、拉近人们之间距离、实现信息共享等功能都有密切联系。大学生思想政治教育在网络普及的基础上，得以更为顺利地进行。大学生思想政治教育工作者能开阔眼界，主要因为新媒体的三个"减少"的特点。首先，是减少了课堂与课外的区别。在课堂上教育工作者用新媒体教学，进行充分的互动，课外师生依旧通过新媒体相互交流、沟通、分享知识；其次，是减少了校内与校外的区别。新媒体聚焦社会热点事件，大学生通常较为关注此类事件，思想政治教育工作者也需将视野放在校园之外；最后，减少了国内与国外的区别。新媒体让整个地球的距离不再是距离，来自世界上任一地点的信息都可依托新媒体向外界共享。大学生不仅仅关注国内时事，对国外也同样关注。思想政治教育工作者更需如此，利用国外相关研究成果，提高自身知识水平，保持在教育中的主导地位。

（2）催生了大学生思想政治教育工作者现代观念的确立

每个时代都会有与之对应的主流观念，如今这个时代是在不断发展变化着的，能够与时代相适应的观念即为现代观念。作为合格的大学生思想政治教育工作者，以下几种观念是必备的。

第一，科学观念。信息传递靠运动来实现，而飞鸽传书、烽火报信等物理运动的年代早已远去，在新媒体时代，网络成了一个独特的世界。在这个世界中，信息的运动不再是能看得见的运动，在网络上进行的互动、沟通、联系都有一种特别的运动方法，"运动"的内涵得到充实。

第二，时空观念。即使一个在南半球，一个在北半球，只需一封邮件、一条微信、一个QQ消息，不到一秒双方就能联系到一起。新媒体让信息没有地域空间的限制，改变了传统信息交流的途径，思想政治教育工作者与被教育者也能通过新媒体随时随地进行沟通。

第三，平等观念。网络的自由性使每个人在使用新媒体时都有相同的地位和权利，人人都能借用新媒体畅所欲言，有利于教育工作者进行思想转变，站在与学生平等的地位上思考。

第四，素质观念。大学生思想政治教育工作者所需的相关资料，网络上应有尽有。可以说，各种渠道都是一种获取新知识的道路，这无边无际的知识海洋有利于提高教育工作者学无止境、终身学习的意识，培养素质观念。

第五，效率观念，效率在当今显得至关重要。新媒体的快捷、高效是其得到普遍认可的重要因素之一。

（3）推动了大学生思想政治教育工作者个人综合素质和能力的提升

新媒体是社会发展过程中出现的新事物，并且任何人都无法阻挡这个新事物的进步。无法改变，就必须适应。大学生思想政治教育工作者不能固守传统教育方法，不知变通，而是要积极接受，并提高自己灵活运用新媒体查找信息资源的能力，利用新媒体的各种优势，不断扩展自身知识面，让自己更有思想政治修养。在广泛阅历之后，才能厚积而薄发，树立正确的价值观念。在此基础上，学生能够得到教师更好的思想引导。新媒体为教育工作提供全球化的资源，教育工作者可以以此为借鉴，充实自己的知识量，才能在对大学生进行思想政治教育时游刃有余。教师可以广泛收集来自全世界的案例，从热点入手引起学生的兴趣，并将其中的典型案例剖析给学生们，并以图片、文字、声音相结合的形式使案例更加生动；利用新媒体的便捷开展学生心理调查和评价，并将其纳入教学日程中，以便及时发现大学生存在的问题，进而最为高效地解决。

2.消极方面

（1）个别思想政治教育工作者的理想信念和价值观有所淡化

新媒体在高校中的发展如火如荼之时，一些不利影响也逐渐凸显出来。从理论上看，网络没有国家、区域之分。但是实际上，几乎所有国家都利用网络宣传自己的意识形态，甚至不惜侵犯他国利益。大学生思想政治教育工作者受教育程度较高，但是也同样会受到网络上的思想刺激。我国处于社会主义发展初期，在生活水平、社会制度等方面确有不及西方发达国家之处。西方一些国家利用我国制度中的缺陷，鼓吹自己国家的社会制度和思想观念，意图给我国制造动乱。在一部分人对社会主义信心不坚定时，这就极可能使他们受西方意识形态荼毒。个别年轻教育工作者就是如此，他们作为教育工作者，自身教育素质低下，甚至帮助西方国家宣扬其意识形态，造成更恶劣的影响。大学生可能会受其影响，在思想上陷入困境，大学生思想政治教育也会受其阻碍。

（2）少部分大学生思想政治教育工作者的业务能力不与时俱进

尽管新媒体教育有许多优势，但是这些都建立在教育者熟练掌握新媒体操作技术的基础之上。到目前为止，仍有许多老师对新媒体认识不足，缺乏进行思想政治教育所必要的新媒体操作技术。另外，大学生思想政治教育涉及知识面广，而目前大多数从事此科目教学的老师都是以政治、哲学等为专业的，教师的知识内容偏向于狭窄，结构上表现出单一的弊端。在高校中，思想政治教育老师对于流行文化、热点时事的了解远不如大学生，这种现象非常常见。大学生思想政治教育工作者（通过调查，在青岛地区民办高校教师中尤为突出）习惯于传统教育方式，新媒体的出现让他们深感压力，不知如何是好。部分老师不能正确处理这种压力感，就可能产生强烈的危机感，进而陷入越紧张就越排斥新媒体、越自卑的恶性循环。

（3）一部分大学生思想政治教育工作者的整体素质弱化

现实生活中，大学生思想政治教育工作者素质不足，导致新媒体发挥不出其在教育中应有的优势，这种事件频频出现。首先，一些教育主体对网络关注度不高，因此无法将新潮的、学生熟知并认可的流行语运用于教育中。其次，如今的大学生与网络关系密切，他们在出现心理变化时经常选择在网络上倾诉。但是，部分教师观察力较弱，很难发现网络信息背后隐含的精神或思想问题，所以无法对症下药，制定思想政治教育对策。再次，没能利用新媒体进行广泛的信息收集与调查分析。从次，大学生思想素质水平不一，教师进行统一管理难度较大，若寻求网络帮助则可大大降低难度。有些教师在此方面能力不足，利用不好网络舆论，更做不到综合发挥各网站力量。最后，与时俱进是大学生思想政治教育工作者的必需能力，但部分教育工作者没能做到，自己的知识储备、内容等仍然停滞不前。

第五节　新媒体环境对大学生思想政治教育工作的负面影响及对策

随着现代科技的飞速发展，以互联网、手机网络、电视网络为代表的新媒体极大地改变了信息传播的传统模式，给整个人类社会带来了全面而深刻的变化，尤其在当代大学生中产生了广泛的影响。在新媒体环境中，如何做好大学生思想政治教育工作，已成为当前大学生思想政治教育工作的重要课题。

一、新媒体环境对高校学生思想政治教育工作的负面影响

（一）对教育对象的消极影响

新媒体可以帮助学生提高自身的思想素质，同时也会给大学生带来消极影响。这些消极内容主要有以下几点。

第一，西方资本主义思潮通过新媒体的传播，直接导致部分大学生政治意识的淡化、理想信念的动摇。例如，西方资产阶级所谓的"人性自由""个性至上"思想，使得功利主义、享乐主义之风大行其道，这种思想的渗入必然导致大学生的世界观、价值观、人生观出现重大偏离。

第二，某些媒体所宣传的错误思潮，直接导致一些大学生道德意识差，道德责任观念模糊。例如，少部分学生弄虚作假，或者到期限而没有还贷款，使得某些银行不愿再向一些高校的学生贷款。

第三，某些媒体所宣扬的不良倾向，直接对大学生的身心健康造成极大伤害。例如，一些文学、影视作品中宣扬的"色情暴力"等思想将直接影响大学生身心健康。

（二）对高校学生思想政治教育内容的冲击

新媒体有着属于自身的意识形态，在面对市场化进程的挑战时，为迎合一些市场主体的需要，会不可避免地宣扬一些非主流的观点和思想，甚至是一些消极、庸俗、反动的观念，这些消极的思想被大学生接触后将会给思想政治教育工作者带来相应的困难。

（三）对大学生思想政治教育环境的负面影响

新媒体给校园周边社会环境带来的变化，使得校园周边各种文化娱乐设施层出不穷，一部分大学生长期沉溺于各种娱乐消费之中，极大降低了由学校组织的各种正规文化活动的吸引力，无形中给学校正常的生活教学秩序带来了冲击。以网络游戏为代表的虚拟世界无约束，容易使人得到满足，这样不仅对大学生的思想有影响，还严重地影响到大学生生理、心理素质的发展。

二、新媒体环境下大学生思想政治教育工作的对策

（一）改革创新教育理念、提高育人效用

近年来，新媒体在当代大学生思想政治教育中所占的比例逐年提升，高校依托新媒体开展多项思想政治教育。一方面可以调动大学生的积极性，从而潜移默化地灌输思想。另一方面，利用网络平台对大学生进行思想政治教育，可以为相关院校做好表率。虽然新媒体有诸多成效，但是并没有实质性地变革教育理念，这就意味着相关工作者还要展开新媒体的后期工作。

新媒体时代的典型特征，就是各项工作的开展都与新媒体有着密切的联系。高校在注

重培养学生的思想素质时，也要紧跟潮流把新媒体技术运用于思想政治教育的开展。同时，在新媒体营造的文化氛围影响下学校意识到应转变教育理念，变革传统的主被动模式。因为在教育阶段，教育者发现主被动模式下学生处于盲目接受知识的地位，没有主动地与教育者进行沟通与交流，这就意味着教育成效不高，无法达到教育者对政治教育的预期。因此，高校主动变革教育模式，旨在提升学生的主体地位。新的政策形势要求学生主动表达自己的想法，不能因为教育者的权威就忽视与教育者的交流。同时，新的政策又指出学生与教育者是平等的关系，也就意味着教育者不能对学生施加过多的压力，这种新的模式就被称为"主客平等性"，实行初期便取得了良好的成效。在利用新媒体进行思想政治教育时，应创新教育理念，主动激发学生的积极性。同时，大学生也应意识到学校教育虽有目的性地提高学生的主体性，但并不意味着学生可以任意妄为，大学生也应遵守学校的规章制度、尊重老师的教学活动。教育者也要在双方平等交流的基础上，主动倾听大学生关于教育工作的建议。只有双方主动做出改变，才能促进教育工作迈向一个新的阶段。

1.掌握不同媒体差异特点，多途径开展政治教育

传媒传播信息并非单一途径，而是多种途径同步发展，并且每种途径都有无法比拟的优越性。新媒体具有受众广、能在不同空间范围内进行信息交流与转换等优点。但因其处于发展的初期阶段，仍有一些方面需要完善。书本和信件作为传统的传播媒介，除了具有储存方便，具有收藏价值之外，还有其无法突破方面即：传播速度慢，不利于重大事件的处理。即使当前阶段要发展新技术，也不能抛弃传统的传播媒介，每种媒介存在都有一定的价值，并能满足特定人群的需求。即使在高科技如此流行的时代，仍有人热衷于看报，写信，看书。如果想以一种新型的媒介取代传统，那么这种观点绝对具有荒谬性。要知道，众口难调，只有不同媒体同时发展才能满足庞大的市场需求来维持市场的稳定性。因此，我们在推广新媒体的过程中也要处理好与旧传播媒介的关系，不能忽略旧媒体而完全注重新媒体，要给传统媒介发展的机会，这样新旧相互促进才能取长补短，更好地在高校内进行思想道德教育。

2.整合传统媒体与新媒体，优势互补

报纸是在变革内容与版面的过程中不断改进，最终得以传承下来的传媒工具。在科技的推动下，报纸结合广播、网络等新的传媒工具组成了多样的传媒方式。它们每一种都在特定的时代下发挥过优势作用，虽然在新的时代背景下它们某些特性可能不适合传播教育，但我们不得不承认它的优点。因此，为了促进教育提升到一个新的层次，我们应该结合新旧媒体的优势，来帮助大学生树立正确的人生观。

3.加强教育之间的交流，调整教育模式

我们要在主动被动模式的基础上积极变革，提高大学生的主体地位，在双向教育时把以老师为主体转变为以学生为主体。尊重学生的内心需求，加强师生交流。培养教师的能力，把新媒体技术真正落实到教学实践中。在新技术的辅助下改变原有的呆板教育作风，营造轻松活跃的学习氛围。激发大学生的学习兴趣，变被动地位为主动地位，主动渴求接受新的知识与技能。为了实现人才强国的目标，应在社会主义核心价值观的指导下培养大学生的人文素质，这既需要坚持和贯彻党的领导地位，又要从大学生实际出发。有目标地去培养一批先进的技术性人才，为国家和人民做贡献。同时又要与新技术结合，在提高思想素质的同时，进一步宣传新技术，保证教育途径的广泛性与多途径性，发展多样化教育。

（二）提高思想政治教育主体的媒介素养

什么是媒介素养？顾名思义，就是人们在获取信息的时候，各种应变本领。这不单单是每一个运用媒介的人的需求，同时还是现今社会公民素养的首要方面。其主旨就是让每一个人都可以运用媒介产品，同时对所接收到的信息拥有自主判断的能力，作为大学生和从事思想教育的各界人士，他们都应当具备媒介素养，并且在具备的基础上不断提升。

1.提高大学生的媒介素养

应该先提高传播者的政治素质，保证大众传媒的社会主义方向，注重政治觉悟的培养，在自我认知上和思想理论上有待提升。传播者还应当强化自身的思想品德，增加对社会的贡献度，把自身拥有的正能量，传递给社会上每一个需要的人。大学生媒介素养的好坏，是和开展思想政治教育工作的实效性密不可分的，所以，在社会大趋势中，应当重点培养大学生的媒介素养。各大院校运用新媒体技术，将关于媒介的相关知识传输给大学生，提高大学生相关方面的学习水平，避免大学生被各种充满负能量的信息所诱惑。同时，大学生还能够通过新媒体的学习，提高自己在学习方面的本领和生活中应付各种突发事件的本领。

从课程的安排情况中可以看出，高校能够将新媒体相关技术放到实际的教学任务里，运用选修课、参加研讨等手段向大学生传递新媒体方面的知识，提高大学生对消息的判断力，从而形成正确的看法。当然，有关政府部门也应当对从事新媒体运营的相关人员设立各种规则，明确所有人的权利和义务，还必须颁布和新媒体有关的法律法规，让那些传递不良信息的人无处可藏。同时还要提高我们的宣传力度，让更多的人拥有法律观念。

2.提高思想政治教育工作者的媒介素养

怎样才能让大众传媒的影响力更加广泛呢？在新媒体对思想政治教育理论工作的效果上，提升传播者的个人修养是一方面，另一方面就是对从事教育工作的广大工作人员开展传播学理论方面的培训，这样就能够造就一批专业性的从事教育工作的人才，将新媒体最大限度地使用在思想政治教育上。

在高校中，从事政治理论的人才既有教育大学生的教师，又有对新媒体加大传播力度的人员。怎样才能让大学生全方位地发展？除了教育工作者本身要提高自身政治水平，还应当懂得新媒体技术的相关知识，对当代传播学涉及的理论点有一定的熟悉。通过这些，教育工作者就可以利用新媒体的相关知识，让大学生树立正确的判断本领，让所有大学生变成社会上新事物的传递者。还可以借助对新媒体的各种讨论和调查提高教育人员对新媒体的认知能力，让教育人员不断提升自己对新媒体的学习能力，加强社会各界组织和个人与高校之间的联系，用来加强教育者自身的媒介素养。举个例子，微博就是一个很好的传播工具。

（三）拓展大学生思想政治教育路径

1.创新课程教学方法

在当下的新媒体阶段，大学生能够从很多渠道了解各种类型的知识。因此各大院校的思想政治教育还应当起到领头羊的作用，加强对社会主流意识形态的讲授，例如马克思主义的"三观"、社会主义核心价值观等。在编制教案的时候，还应当估计到多数学生的个性特征，按照不同的情况利用新媒体从事教育工作。时代在进步，当然思想政治教育的方法也应该不断地完善，运用现代的高精尖技术，使得教育方法趋于最好的方式。在与之相对应的传统教育理念中，老师以教材为载体，这样会让学生失去兴趣。在这种情况下，也可以试着使用新媒体教学来达到生动有趣，利用非常直接的手段让学生更加容易理解教学内容，让每一节课都可以达到理想水平。还有，思想政治教育者也可以利用新媒体的参与性，让每一个教师和学生之间产生沟通、互动。

2.加强主题网站的建设

当今社会，网络的发展速度越来越快，我们怎样利用网络这个平台，去从事思想政治教育工作？这一点是非常重要的。如果想抓住高校工作的主动权，就需要关注学校文化在新媒体形势下是怎样发展的，强化各大院校的网络文明的培养。我们应当创建一种集各类优点于一身的高校特色网站，提高网站对大学生的吸引力。这个时候就要求网站必须以合法的舆论为基础，强调以人为本、树立正确的核心价值观，发扬正确的社会主义意识形态，呈现符合社会接受程度的优秀知识。对于如何让大学生接受思想政治教育，这表现在网络学习的所有步骤里。在运用网络教育的情况下，利用一些人们关注程度较高的知识点和与学生相关的所有知识，为广大的学生服务，以此加强网络教育的时效性，让高校的网络教育有所发展。只有让各大院校的思想政治教育工作真正地渗透到每一个大学生的心中，让这项教育工作更加接地气，才能够让广大大学生关注到网络传播带来的好处，不断提高他们的活跃度，这样就能够让网络教程达到他们的预期效果。

3.加强新媒体工具的使用

在如今的社会发展阶段，QQ、微信已经成为人们日常生活中必不可少的一种共同交流方式。由于移动技术的创立和运用，信息之间的传播不再受到时间和空间的制约，这种优势也为思想政治教育活动的开展提供了另外一条出路。高校的教育人员必须要符合当今社会的发展，学会利用一切可以利用的沟通工具，发挥新媒体在工作中的优点和优势。在对大学生进行教育工作的时候，我们能够利用网络等多种手段进行沟通，运用QQ、微信等交流工具实现个人与个人和个人与多人的协商，这样不仅能够节约大量的时间和精力，还可以彻底根除说教带来的不良影响，让人与人之间的感情进一步增强。对于从事思想政治教育的研究人员和教育家，他们能够创建一个属于自己的博客，可以定期或者不定期地发布个人的一些独到见解，或者转发一些重要的新闻热点，或者鼓励人们树立良好的人生观、价值观，用一个人散发的专业魅力去指导大学生的政治思想以便让更多的学生接受更好的教育方式。

4.做好校园网络舆情工作

在当今社会条件下，各大院校在把新媒体渗入学校文化的时候，也进行了必要的网络舆论的相关工作，提高大学生在思想政治教育工作方面的判断力，以便让更多人了解真实的新媒体。我们还要重视收集资料的时效性，常年注意各大社交网络平台，就像QQ、微信、贴吧等。学校的各个相关组织也应当对学校的重点论坛进行控制与监督，增强网络传播的源头控制力，组建一支风尚文明的传播团队，让大学生能够以此为基准，树立正确的舆论观。培训专门分管网络的一个团队，他们的职责就是关注网络上的一手信息资料，整理汇总相关文件，第一时间清除虚假消息，对于网络中产生的偏差理论，进行有针对性的反驳。还有，可以选拔一批充满阳光精神的大学生领导干部，利用他们在人群中的影响力在新媒体中表述自己的观点，以便加强每一件事情的正面影响力。

（四）提升大学生思想政治教育载体合力

在过去长期的教育实践中，传统媒体载体在大学生教学中优秀的一方面已经展现得淋漓尽致了，可是，社会在进步，网络的虚拟世界也在快速地改变着，传统媒体载体在某些环节和方面出现了局限。面对这一问题，我们必须对传统方式的教育进行改变，从内容上进行设置，让它更加吻合教育界人士的接受范围。在某种程度上来说，设置就意味着改变，意味着创新，我们在吸收传统教育模式有用的学习方式的前提下，可以在方式上进行改变，以规避简单重复。

1.思想政治教育与课程载体紧密联系

大学生思想政治教育载体在其运用过程中，课程载体的运用较为普遍。大学生思想政治教育课程载体作为传统大学生思想政治教育载体的主要形式，起到了不可或缺的作用。在各大院校改革发展的时候，在一种全新的教育理念出现的时候，课程的设置也是有变化的。不论运用何种方式，都不能忽视人的主观能动性，所以，各大院校必须将思想政治教育和课程设置两者紧密联系在一起，共同作用，从而产生巨大合力，来掩盖这些院校在此类教育上的缺点。

2.传统媒体与新媒体相互联合

即使新媒体技术已经占据了大半江山，我们仍然不能忽略了传统媒体带来的巨大作用，思想政治教育的发展是需要各种媒体共同发展、共同进步的。传统媒体和新媒体联合在一起，这样才可以满足大多数人的具体需要。举个例子来说，学校的校报中所阐述的观点都是相当明确的，具有很好的带头作用，所刊登的优秀事迹人物，就是在传递社会正能量；而手机传媒的优点在于一个"快"字，当然，它还具备了随时随地性。能够运用"手机报"等多种手机交流软件，对于近期大学生较为关心的题目开展留言、讨论，同时注意舆论导向，积极弘扬社会光明的一面，把社会的舆论往好的一个方面引导。由此可见，我们把传统媒体和新媒体一起使用，取各家之所长，不单单可以用手机了解实时的思想教育动态，还可以利用报纸之类的载体，熟悉每一位大学生的困扰，最终形成传统媒体和新媒体共同发展态势，这种情况下，学生的思想政治教育就会有突飞猛进的发展。

（五）促进新媒体环境下的管理机制构建

大学生思想政治教育中间牵扯到很多个主管机构，在新媒体环境下，高校各部门如何促进大学生思想政治教育，对其调动发挥出最大限度地积极性，是当今大学生思想政治教育工作者所面临的重要课题。应当注重校园网的开发运用，并对校园网进行监管，但是，如果要让大学生思想教育能够全面健康发展，就需要组建一支科学的运营队伍，对思想工作的全部内容进行监督、管理和协调。

1.常态管理机制

创建新媒体条件下的思想政治教育工作机制，则需要各个院校的党委牵头，多部门共同组织，进行系统、全面的分析，把每一项工作都落实到每一个人头。学校的新闻部门等组织，需要承担校园网的定期检验，力争把学校需要报道的事件详细地宣传出来，将学校的舆论主导权紧紧地把握在自己的手中。学生组织部门则需要牵头进行演讲、座谈等多种形式的活动，让更多的大学生了解新媒体，关注新媒体，提高其媒介素养。组织倡导班级老师、重点干部，利用微博、微信等手段进行传播，时刻了解学生的想法，当出现不好信息的时候，能够积极引导。至于学校的信息管理处，他们的工作就是构建一个安全的网络，为学校进行思想政治教育提供一个坚强的后盾。

比如，青岛民办高校青岛滨海学院根据教育部、国家互联网信息办公室《关于进一步加强高等学校网络建设和管理工作的意见》文件精神，以及《互联网信息服务管理办法》等国家法律法规，着力打造集群化、系统化、网络化的新媒体工作格局，营造良好的校园网络舆论环境，为此青岛滨海学院决定进一步规范各系、各部门和学生组织新媒体建设与管理，加强和推进校园新媒体健康有序发展，制定了《青岛滨海学院新媒体管理办法（试行）》。提出了新媒体以其传播快、覆盖广、影响大等特点，在新闻宣传和舆论引导方面日益发挥重要作用。青岛滨海学院官方新媒体公众账号已成为校务公开、服务师生的重要载体，成为密切联系师生、改进工作作风、引导校园舆论、塑造学院形象、建设网络文化的重要措施。为规范青岛滨海学院新媒体应用的服务和管理，推动各系、各部门有效利用微博、微信、抖音、APP等为代表的新媒体开展育人工作，充分发挥新媒体平台在展现学院形象、发布新闻信息和提供校园服务等方面的积极作用，营造良好的校园舆论环境和氛围。

各系、各部门要按照党管媒体的原则，增强对互联网发展的适应性，主动把握网络舆论导向的主动权，学院提倡各系、各部门和学生组织建设必要的官方新媒体平台。本办法所指新媒体包括但不限于微博、微信、抖音、小程序、社交网站、移动客户端（APP）、网络视频、移动电视等在新的技术支撑体系下出现的媒体形态。新媒体主要指微博、微信、抖音、QQ工作群、微信群号、小程序、APP客户端、网络视频、移动电视等新媒体平台。青岛滨海学院官方新媒体包括以青岛滨海学院（包括外文及其缩写）、青岛滨海学院各系、部门以及各项工作业务、团学组织的名义开通并经网站实名认证的各类新媒体。党委宣传部负责学院新媒体应用的备案、监管、指导和检查工作。

按照"谁主管、谁负责"的原则，各系、各部门要严格落实责任制度，做好本单位新媒体应用管理工作。青岛滨海学院各二级学院党支部书记为本单位新媒体应用管理工作的责任人。

青岛滨海学院各系、各部门因工作需要建立新媒体应用官方账号，必须提前七个工作日填写《青岛滨海学院新媒体应用备案表》，以书面形式报党委宣传部备案。开通新媒体后，应及时申请认证。学院禁止任何个人以青岛滨海学院及所属各系、各部门、任何组织的名义开通各类新媒体。

如因工作需要，发生新媒体管理员变更，应重新填写《青岛滨海学院新媒体建设备案登记表》，并及时报党委宣传部备案。新媒体应用账号名称、管理人员等有关信息发生变更，或新媒体应用关闭使用，必须在七个工作日内，以书面形式报宣传部备案。

新媒体应用与运行要遵守国家法律法规及有关政策，遵守学院各项规章制度，自觉维护学院声誉。官方新媒体主要发布学院各方面工作的最新动态、重要公告以及与学院、师生相关的其他信息，服务师生学习、工作、生活和发展，宣传学院的发展成就，展示学院良好形象。各系、各部门要加强对本单位新媒体应用的管理。建立相关信息发布审核程序并严格遵守，发布的信息必须真实、准确。

青岛滨海学院党委宣传部负责对全院新媒体应用进行监管。对不符合学院相关规定的新媒体应用，有权提出整改意见；对给学院造成恶劣影响的新媒体应用，有权责令其停止运行，并追究有关单位责任。官方新媒体发布消息要严格遵守相关法律及规定，未经学院党委宣传部授权，各级官方新媒体不得擅自发布涉及学院重大事件、突发事件和社会热点及敏感问题的相关信息内容。

青岛滨海学院各系、各部门或学生组织名义注册的官方新媒体，按照"谁建设谁负责，谁主管谁负责"的原则实行归口管理。

新媒体公众账号要以"科学发展、积极利用、加强管理、确保安全"为指导原则，制定信息审核、发布等管理规范。各系、各部门应主动建立健全新媒体管理制度，落实专人具体负责新媒体内容审核与日常维护等工作。发现评论中有违法及有损学院声誉的信息，要及时向主管院领导和党委宣传部汇报，并与新媒体平台及时沟通，妥善处理。

青岛滨海学院校园各级官方新媒体应高度重视学院突发事件、重大事件新闻报道和网络舆情，要认真落实党委《新闻发言人制度》，党委宣传部统筹协调，统一发声，做好信息报告、新闻发布、澄清事实等工作，相关单位要做好配合及相关事件处置工作。

加强新媒体协同联动。学院将根据情况将登记在册的新媒体纳入校园新媒体工作圈，给予推广宣传、实名认证和技术支持。各级各类新媒体要积极转载评论学院官方新媒体发布的信息，要充分利用"互粉"，发布重要信息要及时@青岛滨海学院，形成校内新媒体矩阵，放大集群新闻宣传效应，协同协作，构建有效的信息共享、动态交流、联动反应的网络工作模式，形成强大的新媒体宣传合力，不断提高青岛滨海学院的网络舆论引导能力。

个人用户在青岛滨海学院校园网络公共平台上发布的言论，或使用学校的IP地址发布的言论，以及个人在新媒体平台（微博、微信等）发布的言论，内容由作者自行负责。如引起不良影响，院方将追究作者责任。对违反相关法律、法规的用户，依照新闻管理部门、公安机关、通信管理部门、互联网信息内容主管部门有关法律、法规、规章进行处理。

2.社会化合作机制

怎样才能让思想政治教育变成所有人的教育？这就需要和当今社会的发展情况有很多的相同点，与其他的很多方面来一起推动社会的进步。重视大学生的教育，需要把社会、学校、家庭所有的优势项目组合起来，确立一套符合社会发展的体系，对大学生进行引导沟通。让大学生积极参加社区服务，这是促进大学生思想教育工作的一种手段，同样还是提高大学生个人修养的方法之一。大学生服务于社区的各种免费业务，这样可以让他们提高对社区本身的熟悉度，同时提高自己的动手本领。学校在关注大学生心理教育的时候，主管新媒体建设的各个部门也必须发挥自身优势，让大学生获取的信息为正确合理的。

家庭教育同样是占有很大比重的一方面，同时是各个院校完善教育工作的一项支撑能力。在新媒体不断发展的情况下，家长也必须学习新媒体知识，了解新媒体的核心内容，运用网络等新型沟通平台和孩子保持联系。学校运用家长会和电话了解等手段，与大学生家长建立长期互通关系，让学校和家庭一起为大学生的思想政治教育贡献自己的一份力量。

3.网络监管机制

网络和信息安全牵涉到国家安全和社会稳定，是我们面临的新的综合性挑战。因此，必须健全互联网管理制度，建设一个有利于社会发展的合法的网络，监督大学生进行网络活动。

首先，提高各个院校对组织活动的重点关注，构建严谨的网络监管机制。构建高校的网络监督体系，重中之重就是要让人们从心底里关注，将学校的组织当作关键点，需要看到在新媒体的情况下，大学生的教育工作还是存在着必要性和困难性。只有在精神层面上高度重视新媒体对大学生造成的一些作用，才能以此为基础，改革发展新的教育方式。此外，还需要强化组织建设，协调好各级部门之间的联系，把关于网络方面的教育知识当作领导工作的重要准则来执行，同时将教育目标和问责细节一层层地分级下派，以此作为高校教育者考核绩效的重要标准。

其次，以具体情况为基础，组建符合校园网具体情况的管理制度，增加对校园网的控制力度。这种监管手段不单单要求学校按照具体情况运用法规和条例，还应当按照学校的这些情况，整理出一套可行性方案，这样就能够确保校园网的正常运行。举例来说，学校的有关组织利用网络看到了大学生在学习和日常生活中的各种情况，强化对网络重点新闻的分析、理解和整合。学校的相关组织整理出一套完整的审批制度并下达使用，这样可以控制好信息传递的出发点，以保障网络的相对安全。在这一点上，学校涉及的有关组织机构就需要通力配合。为此青岛民办高校青岛滨海学院出台了《青岛滨海学院网络安全规定（修订）》：为倡导诚实守信，健康文明的网络行为，推动传播社会主义核心价值观，采取措施提高全校师生的网络安全意识和水平，形成全校教职员工共同参与促进网络安全的良好环境，根据《中华人民共和国网络安全法》制定青岛滨海学院网络安全规定。

第一，任何个人和组织使用网络应当遵守宪法法律，遵守公共秩序。尊重社会公德，不得危害网络安全，不得利用网络从事危害国家安全、荣誉和利益；不得传播暴力、淫秽色情信息；不得编造、传播虚假信息，扰乱社会秩序；不得侵害他人名誉、隐私、知识产权和其他合法权益等活动。全校师生员工在互联网中要做精神文明的传播者、引导者，具有高尚思想道德、优秀精神文明和诚实守信人格，体现科学的世界观、人生观和价值观。

第二，任何个人和组织不得从事非法侵入他人网络、干扰他人网络正常功能、窃取网络数据等危害网络安全的活动；不得提供专门用于从事侵入网络、干扰网络正常功能及防护措施、窃取网络数据等危害网络安全活动的程序、工具；明知他人从事危害网络安全的活动的，不得为其提供技术支持、广告推广、支付结算等帮助。

第三，网络运营者不得泄露、篡改、毁损其收集的个人信息；未经被收集者同意，不得向他人提供个人信息。但是，经过处理无法识别特定个人且不能复原的除外。

网络运营者应当采取技术措施和其他必要措施，确保其收集的个人信息安全，防止信息泄露、毁损、丢失。在发生或者可能发生个人信息泄露、毁损、丢失的情况时，应当立即采取补救措施，按照规定及时告知用户并向有关主管部门报告。

第四，任何个人和组织不得窃取或者以其他非法方式获取个人信息，不得非法出售或者非法向他人提供个人信息。

第五，任何个人和组织应当对其使用网络的行为负责，不得设立用于实施诈骗，传授犯罪方法、制作或者销售违禁物品、管制物品等违法犯罪活动的网站、通信群组，不得利用网络发布涉及实施诈骗，制作或者销售违禁物品、管制物品以及其他违法犯罪活动的信息。

第六，任何个人和组织发送的电子信息、提供的应用软件，不得设置恶意程序，不得含有法律、行政法规禁止发布或者传输的信息。

第七，牢记大学生身份，只收集有益的信息和资料（传递正能量）；不浏览反动、黄色网站，不在网上发表或转贴有损党和国家形象、有损学院和他人声誉的言论，发帖者要对自己的言行高度负责。

第八，不沉溺网络游戏，不违规外出上网，控制上网娱乐的时间。

第九，学生使用计算机，必须严格遵守学院有关作息制度，不得影响他人的正常生活与休息；严禁正常学习时间在寝室、教室及图书馆玩游戏、看影碟。

第十，在公用机房上机时，不得乱涂乱画，未经管理人员同意不得改动界面，不得私自改动机器的设置。对接入校园网的个人计算机和软磁盘、U盘等，要进行病毒检查清理，保证网络安全。

第十一，主动接受公安机关和学校有关职能部门依法依章进行的信息管理和监督。

第十二，认真遵守校园网络管理的有关规定，联入校园网的用户必须严格使用由学院设备管理中心分配的IP地址等参数。对在校园网上开办BBS等信息服务的管理人员，严格执行"先审后贴"。

第十三，凡青岛滨海学院师生员工均应自觉遵守本规定，对违犯本规定者视情节轻重给予校纪处分，触犯《中华人民共和国网络安全法》者移交司法部门追究其刑事责任。

最后，关注网络教育工作人员的团队组织情况。从事网络思想政治教育的工作者不单单是重点人物，更是在实践教育过程中参与组织和管理的领导人。网络思想政治教育工作者的整体水平还不是很高，这样就会对新媒体教育的成果带来困扰。所以，我们需要建设一支能够打得了硬仗的专业队伍。第一方面，在新媒体的具体情况里，从事高校教育工作的每一个人都是有着更高的专业水平和道德理论的，只有具备这些素质，才可以对大学生的不正确思想进行干预，从而在学生的心目中具有不可替代的作用；第二方面，这些专业人才还需要有丰富的媒介素养和对新媒体的具体把控，可以了解网站的相关知识，对于和主题有关的内容进行完善，在教学过程中，可以把新媒体运用到具体的实践中，用一种轻松愉悦的方式传授大学生需要掌握的新媒体知识，这样能够在无形中将寓教于乐发挥得淋漓尽致；第三方面，从事这一方面的人员还应当通过新媒体定期进行相关系列的活动，让老师与大学生经常交谈，明白学生的所思所想，还有就是将学生干部这一"王牌"的作用发挥出来，他们与学生生活在同一屋檐下，有着很好的群众基础，能把握住最新的情况，让舆论往好的一方面发展；第四方面，行之有效的网络思想政治教育，是和技术方面的配合有着密切的联系的，各个院校必须花费大量的人力、物力、财力，对人员素质进行系统的培养，让他们掌握更多的监督手段，以便出现网络安全事故时可以及时解决，挽回无须发生的经济损失。

第四章

新时期大学生思想政治教育的
时代转型分析

第一节　新时代大学生思想政治教育基本理论的
强烈的时代性

　　思想政治教育时代性的基本理论，事实上是和"时代""时代性"紧密联系的，要了解"时代""时代性"和"思想政治教育"的含义，我们需要了解时代性的主要内涵、意义及其所具有的最基本的特征。目前，我们国家和社会的面貌正在发生很大的变化，在新的社会大形势下，构建经济新常态全面推进，党和政府反腐力度持续加大，各项社会主义改革事业不断深化。党正带领全国人民在实现"两个一百年"奋斗目标和中华民族伟大复兴中国梦的征程上稳步前进，时代的发展和变化给高校开展思想政治教育工作带来了挑战机遇和挑战，时代性已经成为高校进行思想政治教育工作的重要内容。因此，必须要深入探讨和研究大学生思想政治教育具有时代性的理论依据和基本含义，了解时代性的一般规定性和它的本质要义。

一、时代与时代性

　　要认识"时代性"的核心含义，我们首先要理解"时代"这一基础概念。

（一）时代的概念

"时代"的概念在学术界有争议，截至目前也没有一个统一的说法，本书简单将其概括为以下六点。

第一，从时空维度分析，在学术界，学者们普遍认为时代的外显特征和工具性载体展现为时空标识，但时代的本质性特征不单单限于时空维度。例如，有的学者认为人类社会特定发展阶段的总称为时代，它是一个时空统一的综合性概念，在时间上指的是相当长幅度的时间在历史发展过程中，在空间上指的是世界发展的总体状况。

第二，从标准划分分析，人们根据实践的需要可以从不同方面、不同角度，运用不同标准对历史时代进行划分。所谓"时代"不过是时间段具有某些独特性，其独特性是在这个时间段中出现的不同以往的特征或来自作为其开始标志的某个典型事件。划分时代的提出和命名有两种方法：其一，来源于该时间段中，具有代表性的国家、人物、典型事件、生产工具等；其二，来源于该时间段中具有的基本特征和基本矛盾关系。

第三，从特征范畴分析，部分学者认为，人类社会某一阶段的总范畴和总特征是通过时代在总体上反映出来的，例如，在人类社会政治历史的发展阶段，"时代"是从唯物角度对社会性质、形态、状态进行界定的。时代的内涵概念是社会范畴具有的基本特征，反映社会发展的某一特定历史阶段。

第四，从发展趋势分析，有的学者认为人类社会由低级到高级的进步性特征，是通过时代以客观至上的形式呈现出来的，时代就是前一种社会形态的历史阶段被一种更高的社会形态所代替。

第五，从时间分段的长短分析，时代又可划分为"小时代""中时代""大时代"等概念。时代的标志是重大历史事件、阶级关系和经济基础，一个个的小阶段从大的历史时期中划分出来，这些小的阶段就被称为大时代里的小时代。

第六，"五时代"说，特指划分出来的以生产关系和阶级关系为标志的，即恩格斯和马克思所说的人类社会的五种社会形态：由低级向高级发展的原始社会、奴隶社会、封建社会、资本主义社会、社会主义和共产主义社会。

（二）时代性的概念

不同的学科领域，对时代性概念的认识和理解不同。

第一，从文化角度分析，时代性是指一个文化系统的维度转换在时间演进中的表现，不同文化系统之间的可通约性在其中体现出来。

第二，从建筑学角度分析，时代性是充分吸收和反映时代先进科技文化在建筑中的体现，是建筑对地方的、民族的建筑传统和风格的继承以及对美学原则、历史文化的艺术性反映。有学者认为，马克思主义中国化与时俱进的重要特征是时代性，马克思主义的时代性从人类科学、实践和哲学文化中吸收智慧和营养，马克思主义发展的最前沿是站在当代人类科学、人类实践的基础之上的。马克思主义实质上是随着时代的发展而发展的，时代性是指强调思想政治教育要与时俱进、把握时代脉搏，不断地推进思想政治教育的理论创新。

总而言之，时代性都被理解为一种"与时俱进"。虽然时代性在不同学科中的表述不完全相同，但在这一点上却是一致的。由此我们可以看出，在人类社会发展过程中，时代性是具有一定时空坐标的典型标志，且具有鲜明的个性特征，它是能表征该时代政治、经济、文化等状况总和的客观社会范畴。世界观、价值观和方法论这三个方面被融合在时代规定性中，就世界观而言，时代性的表面特征反映了世界发展在特定时代的主要矛盾、本质特征、规律性和总趋势；就价值观而言，时代性侧重强调在某一时代内具有有意义、有效或有作用这样特征的事物；就方法论而言，时代性的视域提供了国际视野、全球意识、矛盾的主要方面、大局观念、社会主流、当下主题、发展主流等方法论。

二、时代性的特征

（一）客观实践性特征

时代性有其特定丰富的形式和内涵，它恰好是历史唯物主义构成的基本问题，而不是历史阶段中的偶然。时代性总结概括了人类社会客观历史进程，它是不以人的意志为转移的。时代性主要通过几方面表现其客观实践性。首先，人类社会在客观实践过程中形成和根植了时代性，这是时代性自身发展与形成的客观规律，它概括总结了一定时代的社会政治、经济、文化等状况，并且随着人类社会的前进与发展不断发生变化，因此，时代性就成为抽象的思辨产物。其次，不同社会实践赋予时代不同的表现形式和内容，以及各具特色的主题和任务、机遇和挑战、当下境遇和未来趋势。从时代性的表现形式和内容这两方面客观分析，生产力的巨大变革以生产工具为重要标志，如石器时代、青铜器时代、铁器时代、机器大工业时代、三次工业技术革命时代、信息技术革命时代。最后，分析时代性的实践品格，实践是全部社会生活的本质，时代性发展和存在的归因是实践。从这里我们可以看出，只有在人类社会客观的、真实的实践活动之中深深扎根，才可以合理地显现出时代性的丰富内涵和现实意义。通过社会实践赋予时代性主体选择性与客观规律性这两者的辩证统一关系，两大规律是时代性的轨道，即客观存在的社会规律和自然规律，但想达到人的目的和结果，人们只能在利用和改变各种规律的基本前提条件下，充分发挥自身的主观能动性。归根结底，时代性问题是面向新时代发展的问题，是人类生存、发展于其中，进而受制于其中，是人类社会生产方式和生存面貌等客观实践的总结。

（二）普遍规定性特征

时代性的普遍规定性主要体现在两个方面：一方面，是历史上的每一个时代都多多少少拥有它们各自典型的标识和特征，所以时代性存在普遍规定性，只是强弱程度有所不同而已，不具有"时代性"的时代在历史上是找不到的；另一方面，是时代性影响的普遍规定性，时代性作为人们存在当前的生活世界、世界上的时空境遇、问题域的分析框架，其影响很普遍，也很重要，时代制约和规范着对于观念、思想、人的行为、社会制度、法律诸多处于时代当中的现实。黑格尔就曾经说过这样的话，"就个人来说，每个人都是他那个时代的产儿""妄想一种哲学可以超出它那个时代，这与妄想个人可以跳出他的时代，跳出罗陀斯岛，是同样愚蠢的"。

（三）历史发展性特征

时代性从发展态势和历史逻辑方面分析，主要表现为三种形态：历史时代性、当下时代性、未来时代性。这三种形态从低级到高级不断发展，是人类社会的一种历史性进步，三者互为因果前提，相继发展与存在。从矛盾运动规律分析，三者之间体现了量变、质变的规律，当下的时代性是量变的积累表现，而未来的时代性是新的质变将要到来的预示。从某种程度上说，历史本身所具有的时代性是其所有奥秘所在，只不过展现了时代性在历史奥秘中不同的条件和不同的时间。最终，每一个时代性都会是已经变成过去和历史的、新的未来代替旧的时代性。由此可以看出，深刻理解社会现实、扬弃社会历史和展望未来的最根本的出发点是人类社会发展的时空视域，可以通过管窥时代性所具有的历史发展特性来实现。

（四）开放创新性特征

时代性需要不断地求新求变，它是面向全球、面向未来、不断创新又永葆活力的重要源泉。因此，时代性的突出优势和主要特点是创新和开放，一旦缺少创新和开放，时代性将失去存在的根本意义。时代性发展的重要动力和精神旗帜是开放创新，它使人类社会源源不断地产生正能量，推动社会发展。

三、时代性的实践指向

时代性具有强烈的实践指向和路径，它本身就是一个实践课题。习近平总书记在全国宣传思想工作会议上强调"因势而谋、应势而动、顺势而为"，这三点正好构成了宣传思想工作的三条时代性实践路径，宣传思想工作应该准确找到工作切入点和着力点。

（一）因势而谋——顺应时代客观需要

时代不同，人们的精神和物质需求也不同，物质世界和精神世界在时空维度中通过时代性记录和表征其总体变化的各种状况。社会的矛盾趋于激化的过程，也是社会不断向前进步和发展的过程。时代和社会发展伴随着不断出现的新问题、新情况和新事物，这个事实是常态化的，也是其走向更高发展阶段所不能回避的客观趋势。在新的时代，应当与时俱进地调整理论和实践，面对提出的"新问题""新需要"和"新主题"的客观需求，应因势而谋，因时而谋，不断地顺应时代的"新发展"和"新要求"。具体有以下三个方面的实施路径。

第一，要直面时代的"新问题"。马克思曾精辟地指出："问题是时代的格言，是表现时代自身内心状态的最实际的呼声。"时代主要矛盾集中表现在时代问题上，每个时代都会有其特有的问题，时代不同，问题不同，我国的时代问题在20世纪80年代表现为搞经济建设和"去阶级斗争"，而现阶段全面深化改革（以法制和制度为主要的突破口）是核心时代问题。在现代化、全球化、市场化、信息化的大时代背景下，各种冲突和矛盾错综复杂，各种思潮和主张相互冲击，我们要勇于直面层出不穷的各种时代新问题，对不断产生的各种新事物和新问题进行全面客观的分析，并找到解决时代问题的行之有效的办法。

第二，要了解时代的"新需要"。不一样的时代问题有不一样的时代需求，准确剖析时代的客观需要是国家和民族发展经验的产物，表面上看似非常简单，但是实际操作很困难。经济领域的改革远远高于政治和社会领域的改革，那种只是一味地搞阶级斗争扩大化，无视经济民生发展需要的偏激做法，完全不符合时代的客观需要。无法有效地监督和制约权力，这往往容易导致时代问题更加恶化，时代主题偏离正轨。随着时代的发展，法治需要、制度需要、民生需要等已经成为当今时代尤为迫切的"新需要"。

第三，要顺应时代的"新要求"。当今社会已经进入全球信息化时代，无论从深度还是广度上分析，信息技术带来的机遇和挑战都是前所未有的，全球信息化时代在很大程度上改变了人类社会生产和生活的基本方式。有句古语"明者因时而变，知者随事而制"，它的意思是说，聪明的人会根据时代的"新诉求"改变策略和方法以顺应时代的"新要求"。国家和社会必须紧跟技术时代发展的方向和趋势，抓住机遇，为人们提供一个新的毫无障碍的、便捷高效的交流平台，以便开展高效率的治理工作。这种时代"新要求"也为我国的思想政治教育工作提供了十分难得的契机。

（二）应势而动——呈现时代鲜活特征

与时俱进的实践、创新的思维和开放的胸襟是应势而动的三个重要元素。

第一，我们要有面向时代的与时俱进的实践。与时俱进是人类社会赖以生存和发展的不变真理，更是时代的真谛。一切纲领和计划远不如一次行动。要想取得事业的成功，我们必须紧跟时代前进的步伐，坚持脚踏实地的实干精神，具备持之以恒的行动能力，付出艰苦卓绝的不懈努力。

第二，我们要具有面向未来的创新观念和创新思维。创新是国家兴旺发达的动力，是民族生生不息的灵魂，是时代发展进步的源泉。创新是时代性最显著、最主要的特征，是当今世界制胜的关键所在。谁的创新能力更强大，谁就能赢得世界和未来。创新不是"无中生有"，而是"有中生新"，首创性、敏锐性和前瞻性是创新思维的本质特征，创新是继承与发展、量变和质变的辩证有机统一。

第三，我们要有面向世界的开放胸襟和包容态度。我们必须用唯物辩证法所坚持的全面的、发展的和联系的观点来看待一切。世界原本就是一个开放的系统，其本质是普遍联系和永恒发展，因此，我们需要用开放的意识和发展的眼光看待世界，不能因自我封闭而与世界和时代相脱离。同时，开放和包容是共同存在的，因此，我们需要有海纳百川的态度和开放包容的胸襟。

（三）顺势而为——符合时代发展规律

大浪淘沙，时代潮流奔腾向前，社会要想繁荣就必须顺应时代的发展，反之就会衰退。我们要想永远成为时代弄潮儿，就必须顺势而为，努力做到以下几个方面。

1.切中时代主题

和平与发展是当今的时代主题，而时代主题又是时代最重大、最基本、最主要的问题所在。在政治多极化、经济全球化、利益复杂化、文化多样化的当今社会，通过什么样的方法才能实现和平与发展？我们应当清楚地认识到，阻碍广大发展中国家发展的西方中心主义仍然存在，我们更应当清楚地看到，合作发展、互信共赢、求同存异的时代发展主旋律是不可逆转的，任何思想和行动若是违背和平与发展这个主旋律，最终都将会被时代所抛弃。

2.适应时代发展的规律

马克思主义指出，每一历史时代主要的经济生产方式与交换方式以及必然由此产生的社会结构，是该时代政治和精神的历史所赖以确立的基础，只有从这一基础出发，这一历史才能得到说明。也就是说，社会生产关系的面貌是由社会生产力的状况所决定的。所以说，人类社会基本的发展规律是生产力决定生产关系，生产关系要适应生产力的发展水平；经济基础决定上层建筑，上层建筑必须适应经济基础的发展要求。国家、社会乃至个人的行为和思想是考察时代大局和人类社会发展是否符合时代进步的基本规律的外在体现，我们要透过表象看到事物的本质，通过对社会发展规律的认识，准确把握时代前进与发展的脉搏。

3.符合时代进步价值观

现代社会的普遍共识和进步的世界潮流是社会核心价值观，这是毋庸置疑的。公平正义、自由平等、民主法治作为社会核心价值观，已成为现代国家、社会组织和个人的思想信仰和行为指导准则。"中国梦和社会主义核心价值观这两种观念，作为当代中国国家精神，充分体现了顺应时代进步和发展的价值观，展示了中国与时俱进的'软实力'"。

第二节　新时代大学生思想政治教育时代性的主要表现

一、思想政治教育时代性的实质

思想政治教育时代性，无论从内容上、目的上还是方法上都要与当前国内外形势保持高度一致，且在此基础之上思想政治教育特有的作用才能得到有效发挥。马克思主义作为我国思想政治教育的指导思想，与时俱进是其理论品质，这就决定了我国思想政治教育时代性的实质也必然要与时俱进，不断开拓创新，以适应时代发展和社会进步，这是其自身的发展性和开放性的要求。其一，思想政治教育的内在要求是与时俱进。马克思主义认为，社会存在决定社会意识，社会意识体现社会存在，社会存在和社会意识之间是相互影响的。因此，在社会意识范畴的思想政治教育必须跟上社会存在的发展变化，随着时代的发展，任何思想政治教育理论也必然产生变化。为使思想政治教育的时效性不会减弱甚至消失，必须进行创新，把握时代的发展和变化。思想政治教育要想跟得上当今世界发展的趋势，必须坚持与时俱进，只有这样，才能实现目的、内容和方法上的统一。与时俱进是思想政治教育的时代性对我们的要求，思想政治教育时代性的实质通过与时俱进才能够真正体现，与时俱进的要求与时代性的要求在本质上都是与马克思主义理论高度一致的。要想真正体现思想政治教育的时代性，就必须与时俱进，进行理论创新。其二，我党思想路线的重要内容是与时俱进的。一方面，党思想路线本质的规定性是从解放思想、实事求是中获得的；另一方面，解放思想、实事求是思想路线的发展是马克思主义与时俱进的理论品质和时代发展规律的客观要求。思想政治教育的时代性特征是坚持与时俱进，它的本质就是事物发展的客观规律，需要用科学的态度和创新的精神去了解、把握和遵循。深刻的变革正在国内、国外不同程度地发生着，思想政治教育要想适合社会主义初级阶段的国情，符合时代发展的要求，就必须要开阔视野、解放思想、与时俱进，站在时代前列，以更加开放的思想和更加创新的精神契合不断发展变化的客观现实。所以说，与时俱进的时代发展变化过程与思想政治教育时代性的不断发展是相辅相成、相互关联的。

二、思想政治教育时代性的基本要求与主要问题

思想政治教育是一个多种要素相互作用、相互联系的有机系统，只有各个要素发挥各自功效，思想政治教育时代性才会实现。思想政治教育时代性是针对时代发展特点和人的时代性要求而提出的，认识和把握思想政治教育时代性的组成要素及基本要求，是全面研究思想政治教育时代性主要内容的重要基础。

认识思想政治教育时代性的基本要求，厘清思想政治教育时代性的脉络及其实质和内涵，是推动思想政治教育时代性理论更好向前发展的前提。

（一）能够适应时代特点

党的十一届三中全会之后，党中央审时度势，正确把握世界发展趋势，科学提出和平与发展的时代主题，重新确立实事求是的思想路线，果断实行改革开放政策，将经济建设作为党和国家的中心工作。我国政治、经济、文化、外交等各个方面取得了举世瞩目的成就，综合国力不断增强，人民生活水平不断提高，我国社会主义现代化建设一路高歌猛进。面对这样的时代特点，思想政治教育如果不能根据时代变化及时创新教育理论和方

法，就会与社会发展趋势和时代变化特征产生较大差异，就不能很好地发挥自身的效用和功能。可见，思想政治教育时代性表现出来的众多特征之一是由时代发展和科技进步引起时代主题发生变化而产生的，时代的发展变化要求思想政治教育必须适应时代的特点，与时代特征相一致，只有这样才能顺应时代潮流、适应时代发展、促进自身提高、确保功效发挥。

（二）服务中心任务

适应时代特点、服务于时代的中心任务是思想政治教育时代性的客观需要。马克思、恩格斯指出："统治阶级的思想在每一时代都是占统治地位的思想。"这就是说，在社会上，一个阶级既是物质力量的统治者，也是精神力量的统治者。统治阶级的一个重要工作便是确保思想政治教育工作更好地服务于其统治时代的中心工作。由此可知，思想政治教育时代性要求其必须服务于统治阶级的中心任务，只有这样思想政治教育才能更好地为统治阶级服务。否则，就会对统治阶级统治地位的稳固、社会的发展和稳定产生不利影响。

（三）贴近人的发展

马克思主义认为，人的需要是人的内在的、本质的规定性。人是社会的主人，社会是由人组成的，世界上的任何一项工作都以人的发展为最终目的，思想政治教育时代性也是如此。时代不同，人的发展就会有不同的要求，这体现了人的发展具有时代性特征，因此，思想政治教育时代性不仅要适应时代特点，服务于中心工作，还要更好地贴近人的发展。

社会主义的最高价值目标是马克思主义思想，这是我党的指导思想，同时是让人自由而全面发展的共产主义理想。因此，思想政治工作的其中一题就是人的全面发展。现代发展理论大约经历了四个阶段：单纯经济增长理论—社会发展论—环境保护论（包括"宇宙飞船经济"理论和增长极限论）—综合发展观（包括可持续发展观、新发展观和人类发展观），现代发展观的核心是科学发展观。改革开放以来，我国的经济发展在比较短的时期内经历了一个由单纯注重经济发展到追求社会、经济、人与自然和谐发展的变化过程。在现代思想政治教育中，最根本的价值原则是以人为本，同时以人为本是思想政治教育的本质要求。

人是思想政治教育的对象，促进人的全面发展是思想政治教育的最终目的，思想政治教育时代性的出发点和落脚点只有通过贴近人的发展才能实现，才能真正符合广大人民群众的利益。

第五章

新时期大学生思想政治教育内容和方法整理

第一节　新时期大学生思想政治教育的内容

一、厚植先忧后乐、睦亲和家的家国情怀

家国情怀是指"个体成员基于最初的血缘和地缘形成的对家庭、宗族、国家的归属感、责任感和使命感"。"家国情怀"这一概念深植于中华大地，发端于中华民族特有的文化环境之中，是一种中华民族特有的社会意识。从历史上看，在分封制背景下，"家"指的是大夫的封地，即"封家"；"国"指的是诸侯的封地，即"封国"。秦汉时期，实行郡县制，此时的"家"逐渐转为具有现代意蕴之家庭，家国同构成为中华文明政治共同体的核心思想，家国情怀由此成为一种伦理规范和价值取向。具体而言，家国情怀主要包括三个方面。其一，祖先崇拜。"孝"是实现和维持祖先崇拜的主要思想工具之一。中国人非常重视孝道。"跪乳之恩""反哺之义""入孝出悌"等表达孝道的中国古语不胜枚举。其实，代际交传的孝道理念表面上是为维持良好有序的家庭内部秩序，但从历史唯物主义的角度来看，"孝"这一概念的提出主要是为了保证氏族的延续。晚辈孝顺长辈的理念代代传承，深刻体现了中国祖先崇拜的心理特征；其二，精忠报国。具有现代意蕴家庭的出现促进了国家的形成，使个人家庭的命运与国家的兴衰直接联系起来。恩格斯在《家庭、私有制的国家的起源》中指出："（专偶制家庭）这一进步的影响有多么大，可以由氏族的建立来证明，氏族就是由这一进步直接引起的……并且在希腊和罗马我们还由氏族

直接进入了文明时代。"而在中国古代国家出现之后，对于家庭的关切更是直接转化为对国家的热爱。"位卑未敢忘忧国""居庙堂之高则忧其民，处江湖之远则忧其君"，从士大夫到普通人无不把国家放在心中重要的位置；其三，乡土情怀。乡土情怀指的是对故乡人、情、地、事的眷恋之感。"乡音无改鬓毛衰"，乡土情怀构建起了家庭与国家的情感桥梁，其既是家庭之爱的地域表现，也是国家之爱的重要基础。换言之，家庭之爱通过乡土情怀升华为国家之爱。

无论从历史维度看，还是从未来维度看，家国情怀对于大学生的正向作用都是毋庸置疑的。中华民族之所以能够屹立于世界，历经五千年风雨而愈强，就是因为无数中华儿女受到了家国情怀的激励而不懈奋斗。"烽火连三月，家书抵万金"的深情，"先天下之忧而忧，后天下之乐而乐"的奉献与忠诚，"天下兴亡，匹夫有责"的呐喊，这些都体现了强烈的家国情怀。在新时期，继往开来，实现中华民族伟大复兴的中国梦，更加需要家国情怀的激励。《完善中华优秀传统文化教育指导纲要》明确指出，家国情怀教育的重点是开展"天下兴亡，匹夫有责"的人文情怀教育，增强国家认同，培养爱国情感。随着时代的变化，当前我国社会呈现多元姿态，相应地反映出当前社会存在的社会意识也是纷繁复杂的。其中一些不良的社会意识误导了部分大学生的思想，如精致的利己主义、狭隘的民族主义和崇洋媚外等消极心理。中国要想以更加积极的姿态继续迈向世界舞台，就必须加强家国情怀教育，培育能够承担民族伟大复兴大任的时代新人。

二、坚定"四个自信"

所谓"四个自信"，是指中国特色社会主义道路自信、理论自信、制度自信和文化自信。心理学上将自信解读为自我效能感，自我效能感是指个体对自己实现特定行为目标所需能力的信任感。中国共产党带领中国人民对外抵抗列强，对内推翻三座大山，建立了中华人民共和国。这充分说明作为中国历史主体的中国人民群众对于中国特色社会主义这一客体的自信是由历史与现实、理论与实践所共同支撑的。

（一）中国特色社会主义道路自信

无论两次鸦片战争后的割地赔款，还是自强求富洋务运动的失败都宣告了旧制度的落后性。资产阶级领导的戊戌变法和辛亥革命虽然对于当时的中国来说具有一定的进步性，然而最终都归于失败，无法带领中国人民完成民族独立与人民解放的历史任务。封建制度的困兽之斗、资产阶级改良道路与资产阶级革命之路都不能应对中国的实际问题，这些道路都被中国人民所抛弃。十月革命一声炮响为中国带来了马克思主义，受革命理论的感召，中国先进分子组成了工人阶级的先锋队——中国共产党。中国共产党自诞生后，领导人民基本完成了新民主主义革命，建立了中华人民共和国，经过社会主义改造，古老的中华民族开始步入社会主义道路，实现了民族独立的伟大目标。经济上，中国共产党确定了比较平衡的经济建设方针，为后来的改革开放提供了坚实的工业基础。党的十一届三中全会之后，中国共产党以自我革新的勇气大胆改革，将市场经济的运行逻辑应用于我国的经济建设中，进行社会主义市场经济改革，形成了以公有制为主体，多种所有制共同发展的中国特色社会主义基本经济制度，初步实现了国家富强的伟大目标。2012年党的十八大召开，以习近平同志为核心的党中央立足全局，提出了全面深化改革的指导思想、目标任务、重大原则，带领中国人民继续为实现中华民族伟大复兴的目标而奋进。而这一切正是中国人民在中国共产党的带领下，坚持走中国特色社会主义道路取得的伟大成就。

（二）中国特色社会主义理论自信

中国人民对于中国特色社会主义的理论自信，源于马克思主义中国化理论指导中国取得了革命、建设和改革的成功。理论的终极意义在于指导人的实践按照既定目标完成任务，其科学性依据是主观与客观是否符合。换言之，人们对于理论的自信来源于其在科学性的基础之上能否发挥指导实践成功之功效。马克思和恩格斯的理论以19世纪中叶的欧洲社会主义理论与实践为基础，列宁主义是用马克思主义指导苏联革命取得胜利的苏联化的马克思主义理论。我们的革命先辈通过把马克思主义理论与中国革命实践相结合，取得了中国革命的胜利，所以中国人民对于马克思主义的理论自信源于中国化的马克思主义理论。从实践上看，马克思主义理论与中国实践结合的第一次飞跃所产生的理论成果——毛泽东思想，使中国共产党以弱胜强，取得了新民主主义革命和社会主义革命的伟大胜利。马克思主义理论同中国实践结合的第二次飞跃所产生的理论成果——中国特色社会主义理论，使中国共产党冲破主观主义的桎梏，重新确立了实事求是的思想路线，开始了中国特色社会主义建设的伟大征程。党的十八大之后，以习近平同志为核心的党中央汲取历史经验，立足改革进入攻坚期与深水期的现实，展望实现中华民族伟大复兴的未来，将丰富的执政经验凝结为习近平新时代中国特色社会主义思想，这是马克思主义中国化理论的最新成果。在习近平新时代中国特色社会主义思想的指导下，我国经济发展稳中有进。"国内生产总值从五十四万亿元增长到八十万亿元，稳居世界第二，对世界经济增长贡献率超过百分之三十。供给侧结构性改革深入推进，经济结构不断优化……农业现代化稳步推进，粮食生产能力达到一万二千亿斤。城镇化率年均提高一点二个百分点，八千多万农业转移人口成为城镇居民。"民主法治建设迈出重大步伐。"中国特色社会主义法治体系日益完善，全社会法治观念明显增强。国家监察体制改革试点取得实效，行政体制改革、司法体制改革、权力运行制约和监督体系建设有效实施。"人民生活不断改善。"脱贫攻坚战取得决定性进展，六千多万贫困人口稳定脱贫，贫困发生率从百分之十点二下降到百分之四以下。教育事业全面发展，中西部和农村教育明显加强。就业状况持续改善，城镇新增就业年均一千三百万人以上。城乡居民收入增速超过经济增速，中等收入群体持续扩大。覆盖城乡居民的社会保障体系基本建立，人民健康和医疗卫生水平大幅提高，保障性住房建设稳步推进。"从马克思主义真理观的角度看，中国化的马克思主义理论体现了马克思主义关于实践—认识—再实践的认识论过程，它们都是中国共产党人的主观思想与中国革命、建设和改革的客观相统一的结果，中华民族正是在中国化的马克思主义理论的指导之下才逐渐走向富强。我们对于中国特色社会主义理论的充分自信正是由此而来。

（三）中国特色社会主义制度自信

中国特色社会主义的制度自信来源于中国共产党建设社会主义的经验性反思。马克思和恩格斯是以19世纪的欧洲为蓝本，从逻辑推演出发，批判自由资本主义，创立了共产主义学说。此时的共产主义学说虽不乏实践性，但从形式上来说学术性更为浓厚，规模也更为宏大。列宁是第一个将马克思、恩格斯的理论学说付诸实践之人。后来虽然以苏联模式为基础建立了一批社会主义国家，但苏联模式的弊病逐渐显现。以毛泽东为核心的第一代领导集体汲取了苏联在建设社会主义实践中的经验教训，在中国社会主义制度建立之后，取得了包括《论十大关系》在内的一系列理论成果，深化了对社会主义的认识。以邓小平同志为领导核心的党的第二代领导集体认真吸取"文化大革命"中忽视经济规律的教训，认识到"共同富裕"才是社会主义的本质后，开始建立中国特色主义的基本经济制度和与其相适应的分配制度。党的十八大以来，以习近平同志为核心的党中央为了应对改革开放不彻底所带来的一系列问题，以极大的政治勇气全面深化改革、全面依法治国、全面从严治党。在全面深化改革的过程中厘清了政府与市场之间的关系，确立了市场在资源配置中起决定性作用和更好发挥政府作用的经济制度，引导市场经济发挥最大正向作用的同时，又充分显示出社会主义制度优势；在中国特色社会主义政治上完善了人民代表大会制度与政治协商制度，确立全面依法治国的方针，推进中国特色社会主义政治的民主化与法治化进程；在生态环境保护方面，建立健全了一批环境保护制度，在"美丽中国"的底线之上促进经济发展；在党的建设方面，提出了"全面加强党的领导""将权力关进制度的笼子"等重要论断，坚持党要管党、从严治党，加强了党内法规制度的执行力度，完善了党内监察制度，建立了诸如"不忘初心，牢记使命"主题教育、党内领导干部财产公示等制度。中国共产党人正是在对自己在社会主义建设实践中曾经失误的反思与纠正中，不断地总结经验，才能在保持既定成就的基础之上，推动中国特色社会主义事业不断向前发展；不断地显现出制度优势，从而也确立了制度自信。

（四）中国特色社会主义文化自信

文化兴则国运兴，文化强则国运强。中国特色社会主义的文化自信源自中国特色社会主义不断增强的以经济发展水平为基础的综合国力。文化自信与人类群体的整体实力特别是经济实力息息相关。换言之，文化就是经济、政治和军事等力量的综合反映。中华传统文化有着悠久的历史，它发端的基础是自给自足的小农经济，随着大一统中央集权制政治制度的建立，中国的小农经济在长期和平的政治环境和鼓励生产的政策下也得到了充分的发展，进而演变为高度发达的农业文明，这种强大的综合国力使中华民族在文化上一直有着高度的自信。中国共产党成立后，带领中国人民进行了艰苦卓绝的新民主主义革命，在此过程中产生了反映中国革命实际的红色革命文化。之后在社会主义革命和改革开放时期，又产生了社会主义先进文化。中国特色社会主义文化由此完整，包括中华优秀传统文化、革命文化与社会主义先进文化。可以说，中国特色社会主义文化是中国特色社会主义经济、政治、军事等力量的综合反映。

"四个自信"是新时期大学生思想政治教育的重要内容。恃人不如自恃也，伟大的社会主义事业需要一代又一代的青年去奋斗拼搏，而青年人对于社会主义伟大事业的信心则是持续奋斗的动力源泉。大学生思想政治教育就是要运用各种方法，激励青年人为了中华民族伟大复兴努力奋斗，坚定他们对于中国特色社会主义的道路自信、理论自信、制度自信和文化自信。

三、增强"四个意识"

2016年1月29日召开的中共中央政治局会议，首次提出了增强"四个意识"的要求，即全党要"增强政治意识、大局意识、核心意识、看齐意识"。党的十九大报告再次强调："必须增强政治意识、大局意识、核心意识、看齐意识，自觉维护党中央权威和集中统一领导，自觉在思想上政治上行动上同党中央保持高度一致。"

（一）政治意识

"政治意识是党员干部在政治立场、政治方向、政治原则、政治道路上表现出的正确认知，在党员干部的综合素质中起着全面统领的基础性作用，是最重要、最根本、最关键的意识，是党员心中的定海神针、行动的方向指南。"这里的"政治意识"是具体的。它要求党员将主观意识中的党的全心全意为人民服务的宗旨、党的路线方针政策和对于马克思主义理论的认同转化为实践行动。政治意识就是我们党要站在人民的立场上，这一立场必须体现在每一个党员的立场之上，落实到每个党员的工作之中，用最广大人民群众利益的得失去衡量我们党工作的成效。随着市场经济的不断发展，有些党员很容易被其所带来的"糖衣炮弹"所影响，严重者更是被金钱美色迷惑，踏上违法犯罪的歧途。坚持政治意识，尤其是加强大学生党员的政治意识，就是要求他们牢记党的初心和使命，正本清源，这样才能成为我们党坚定的后备军。

（二）大局意识

大局意识是指：谋事、看问题的思考方式，强调从整体、长远出发对事态进行综合考量和谋划，从战略高度思考、定位、观察问题，做到正确认识大局、自觉服从大局、坚决维护大局。大局意识来源于政治意识，但又不等同于政治意识。一方面，大局意识与政治意识都属于中国共产党的执政伦理。马克思主义理论强调共产党是为全人类的解放而服务，具有很强的人民性。所以我们党的宗旨和立场都与人民紧紧联系。落实到中国的具体实际，就要求中国共产党必须首先以中国人民的根本利益为导向。中国共产党党员谋事和做事都必须紧紧围绕中国特色社会主义的整体事业，心系中国人民；另一方面，中国共产党党员作为个体必然会受到历史与社会环境的局限。每个党员并非生活于真空环境，他们总是限定于一定的职业和阶层，思维意识也难免有所局限。如果想保持共产党人的初心和使命，还是要强调大局意识。

（三）核心意识

核心意识要求在思想上认同核心、在政治上围绕核心、在组织上服从核心、在行动上维护核心。只有坚持核心意识才能充分发挥中国共产党的战斗性。从理论上来说，世界上普遍存在的矛盾既有斗争性又有同一性，其中斗争性是绝对的，同一性是相对的。而马克思主义理论作为改变世界的实践哲学，就要求中国共产党要不断增强自身的战斗性，应对接二连三的挑战。从实践上来说，中国是世界上第二大经济体，改革开放四十多年来取得了瞩目的成就，同时作为一个发展中大国，又面临着很多棘手的问题，国内外形势复杂。在这种背景下，中国共产党必须坚持核心意识，增强自身的战斗性。只有坚持在一个坚强的核心领导下，党才能有强大的凝聚力，才能战无不胜、攻无不克。

（四）看齐意识

看齐意识指的是向党中央看齐，向党的理论和路线方针政策看齐，向党中央决策部署看齐，做到党中央提倡的坚决响应、党中央决定的坚决执行、党中央禁止的坚决不做。坚持看齐意识是坚持核心意识题中的应有之意。首先，中国共产党实行党内民主集中制。换言之，党的每一项重大决策是通过充分的调查研究，听取基层意见得来的。这就保证了党中央决策的科学性与可执行性。既然党中央的决策是上下一心的结果，那么党中央的科学决策落实到执行阶段，各级党组织与党员也应该坚持看齐意识；其次，经过历史证明，党要想取得胜利，各级党组织和党员也必须坚持看齐意识。新民主主义革命时期，中国共产党各级党组织和党员正是因为抛弃了教条主义，坚持毛泽东思想，才赢得了新民主主义革命的胜利；改革开放之初，中国共产党各级党组织和党员就是因为坚持看齐意识，大胆创新，没有拘泥于传统思维，才走出了一条适合中国国情的科学社会主义之路——中国特色社会主义。可见，只有坚持看齐意识才能充分发挥中国共产党的巨大组织力，使党中央正确的决策能够落地生根，使中国一次又一次地焕发出生机活力。

高校思想政治工作必须对标"四个意识"。首先，加强思想政治工作者的"四个意识"教育。"四个意识"虽然是党中央对于全国党组织和全体党员的要求，但是由于高校思想政治工作者的工作目标、工作领域和工作性质的特殊性，因此无论其政治面貌如何都必须增强"四个意识"；其次，强化大学生党员的"四个意识"教育。大学生党员是中国共产党员的重要组成部分，他们决定了中国共产党和中国特色社会主义事业未来的发展方向，所以，高校必须强化大学生党员的"四个意识"教育，提高他们的党性修养；最后，用"四个意识"引领大学生。"四个意识"对于党员，特别是大学生党员来说，是必须遵守和坚持的，但是这并不代表可以放松对非大学生党员的教育。中国共产党之所以能够由弱到强就是因为有源源不断的新党员加入。大学生作为科学文化素质较高的群体，是中国特色社会主义事业的建设者和接班人。这就要求高校要坚持用"四个意识"引领大学生，教育他们以党员的标准来要求自己。

四、加强生态文明教育

迄今为止，人类对待自然的态度经历了四个阶段。第一阶段：崇拜自然。在远古时代，由于生产力低下，科学文化知识缺乏，人类完全被自然界所支配。恰如恩格斯所言："（在蒙昧时代的低级阶段）人还住在自己最初居住的地方，即住在热带的或亚热带的森林中……他们以果实、坚果、根作为食物。"彼时的人类只能通过直接获取完全自然之物的方式维持基本生活，所以图腾崇拜非常流行。当时的人们企图通过对自然之物的简单崇拜来获得精神上的慰藉。第二阶段：敬畏自然。处在此阶段的人类已经掌握了一定的自然规律，开始学会利用工具去改造自然。然而，这种对于自然的改造不同于工业革命之后的轻视自然，只是对自然被动的改造，且改造力度不大。尽管这时的人类仍然有祭祀自然的活动，但是这时的祭祀已经不再是第一阶段的简单崇拜，而是为了适应自身需要的活动。最典型的是中华民族的神话传说，整个体系依托于中华民族的现实生活而创造，天庭之神与现实统治基本照应。此时的中华民族对待自然是一种敬畏的态度，孔子的"敬鬼神而远之"充分体现了这一点。第三阶段：轻视自然。启蒙运动之后，人类掌握了大量关于自然的规律。以改良后的蒸汽机为代表，人类改造自然的能力大大提高。出于对财富的追求，人类过度地向自然索取，很多自然环境遭到破坏。但是，此时的人类对此并不在意，过去对于自然的敬畏变为了轻视。甚至很多人抱以"支配"的态度对待自然。恩格斯对此早已发出警告："美索不达米亚、希腊、小亚细亚以及其他各地的居民，为了得到耕地，毁灭了森林，但是他们做梦也想不到，这些地方今天竟因此而成为不毛之地。"第四阶段：正视自然。对于自然的轻视使人类很快就尝到了苦果。老牌发达资本主义国家很早就意识到了环境问题，但是他们采取的解决方法是转嫁危机，将污染自然的产业转移至第三世界。环境问题仍没能得到彻底的解决。进入21世纪之后的中国在发展经济的同时，高度关注环境问题。与 些资本主义国家转移矛盾的做法不同，中国共产党人不再以主观—客观二元对立的思维方式去思考环境问题，而是创造性地发展马克思主义关于矛盾的学说，汲取中华优秀传统文化中"天人合一"的思想，提出了人与自然和谐相处的科学发展观。

中国共产党虽然提出了自己的生态文明理论，但是对于生态环境的看法并非是一蹴而就的。1956年，我国完成了社会主义三大改造，随即开始了工业化进程。中国工业化的初期既出于现实原因又考虑到历史局限，虽然提出过一些保护环境的措施，但是总的来说对生态环境是破坏大于保护。这是因为我国初期工业化虽然不同于西方化，但是要想在以传统农业文明为主导的中国快速发展工业，弥补与西方发达国家的工业发展差距，就必须学习西方工业革命早期的做法，通过牺牲一部分生态环境来换取发展工业必备的条件。

改革开放以来，中国共产党高度重视生态环境问题，并将"建设生态文明"写入了党的十七大报告。党的十八大以来，以习近平同志为核心的党中央继往开来，针对中国环境发展的问题，依托人民对于美好生活环境的需求，创立了习近平生态文明思想，其主要包括文明兴衰生态决定论、生态环境生产力论、生态环境民生论和生命共同体论等。

　　生态文明教育的长期性，决定了其重点教育对象是大学生。大学生作为社会主义的接班人，肩负着中华民族伟大复兴的重任。到2050年，我国要建设成为富强、民主、文明、和谐、美丽的社会主义现代化强国，"美丽中国"是这一目标的重要内容。现在的大学生要成为实现这一目标的中流砥柱，就必须树立正确的生态文明理念。因此，高校必须将生态文明教育贯彻于大学生思想道德教育之中，培养他们的生态习惯和生态情感，力求他们从身边的生态环境问题着手，确保在未来身处任何行业都会意识到保护环境的重要性，并身体力行，助力"美丽中国"目标的实现。

第二节　新时期大学生思想政治教育的方法

一、在实践育人中实现抽象与具体的统一

（一）实践育人的概念

　　目前，学术界关于"实践育人"的概念并没有达成统一，其外延比较混乱。但在"实践育人"的内涵上学界基本取得了共识，即从实践与认识的辩证关系出发，认为人在认识与改造对象的现实活动中可以深化与升华关于对象的认识。这一概念的分歧主要来源于对实践育人的外延的争论。有部分学者认为，"实践育人"的外延仅包括教育客体的思想品德教育。还有部分学者认为，"实践育人"的外延应包括专业教育和思想品德教育。无论是专业教育还是思想品德教育，从广义上说，"实践育人"涵盖了教育客体按照教育主体的要求，在认识和改造现实世界的活动中验证理论和批判理论，最终成为符合教育主体既定教育目标的人的过程。马克思主义关于实践与认识的辩证观点是历史与逻辑的统一，它不因意识形态和社会制度的区别而改变，任何科学有效的实践教育活动都已经充分证明了这一点。换言之，实践教育的形式是为各国教育界所共同接受的，所以广义上的"实践育人"，从其范围上来说分布于世界各国，从其教育内容上来说适用于专业教育和思想品德教育等。

　　中国高校的思想政治教育与世界各国的思想政治教育相比，既有共通点又有特殊点。

所谓社会主义高校的思想政治实践教育（又称"实践育人"）专指：思想政治教育客体在思想政治教育主体的引导下，将马克思主义理论应用于认识和改造现实世界的活动中，从而完成对马克思主义的理论自觉与行动自觉的一种思想政治教育方法。我国大学生思想政治教育作为宣传马克思主义理论的重要载体之一，无论从马克思主义理论的实践本性还是从培养社会主义接班人的现实需要来看，都可以而且必须采用实践育人的形式来开展党的思想政治教育。尤其对于大学生来说，相比于机械地背诵抽象的思想政治理论，他们更需要从实践中理解马克思主义的理论精神，掌握马克思主义的理论逻辑，从而自觉地以马克思主义理论指导自己的生活与学习。

（二）实践育人的必要性

马克思主义哲学的实践本性要求高校开展实践育人活动。18世纪末，德国古典哲学开始着重探讨主体与客体之间的关系。康德把客体理解为由主体自己建立起来的对象，用主体的"先天综合判断"来解决主客体统一的问题。费希特设定了一个"绝对自我"来统一"自我"和"非我"。谢林则在含有神秘主义色彩的"绝对同一"中迷失了方向，无法具体言明究竟何为"绝对同一"。黑格尔利用辩证逻辑，继续从绝对同一出发，以理性阐明其内在的自我能动性。正是在费尔巴哈"人本主义"学说的启迪下，马克思和恩格斯创立了辩证唯物主义学说。辩证唯物主义学说认为，只有感性的实践才可以实现主客体的统一。马克思和恩格斯在这里所说的"实践"与黑格尔所说的"实践"大相径庭。黑格尔所说的"实践"是"精神实践"，是一种概念认识，而马克思和恩格斯所说的"实践"是感性的，并且是自由自觉的，是"对象性的活动"。因此，马克思和恩格斯认为社会生活的本质在于实践。"个人怎样表现自己的生活，他们自己就是怎样。因此，他们是什么样的，这同他们的生产是一致的——既和他们生产什么一致，又和他们怎样生产一致。"由此，马克思通过实践将辩证唯物主义与历史唯物主义统一起来，所以，马克思主义哲学又被称为"实践哲学"。根据马克思主义认识论，人类的认识从根本上来说起源于对对象的改造。在改造对象的过程中认识对象，而后在思维中形成了概念。为了将这些最初的关于各种对象的繁杂认识记录下来，流传于后世，人类开始用文字或语言来表达概念。这种通过文字或者语言来表达的概念并不是关于对象的特殊认识，而是一种普遍抽象。这种普遍抽象是对相同对象本质特点的概括，它不限于对象表面，而是潜藏于对象内部。只有通过实践，才能深刻了解概念的普遍抽象。马克思主义理论是马克思主义者从纷繁复杂的革命实践中抽象出来的一种认识和改造世界的理论武器，也是一种普遍抽象。所以，为了使大学生更好地掌握这一抽象的理论武器，高校可以也必须开展实践育人活动。总之，高校开展思想政治理论课的终极目的在于，使大学生通过对马克思主义理论的学习，能够更好地用其指导自己的生活、工作和学习，而不是为了学习马克思主义而学习马克思主义。具体地说，主要体现在两方面，一方面，大学生通过实践育人能够更加深刻地认识马克思主义理论，从实践中自主体悟马克思主义理论的科学性；另一方面，实践育人也可以增加大学生对马克思主义理论的实际应用能力。如果只是机械地记忆马克思主义理论的只言片语，就会陷入教条主义，而无法发挥其指导生活实践的作用，最终背离马克思主义的本质精神。

同时，大学生的身心发育特点也要求高校开展实践育人活动。因材施教是我国古代重要的教育原则与方法之一，新时期大学生思想政治教育也必须依据教育客体的认知特点来展开。小学生对于道德的认知主要来自外在因素的影响，这种外在影响因素主要是指："以直觉的道德情感体验和与形象相联系的道德情感体验为主。"中学生相比于小学生已经具备更高的思维水平和更加稳定的情感状态，对于思想政治的认知则更多地依靠理论知识的灌输。区别于中小学生，大学生的"三观"已经初步形成，并且知识储备更加完善，批判性思维也更加强烈。所以，高校不能将适用于中小学生的思想政治教育方式照搬移植至大学生身上。更重要的是，大学生的心智已趋于成熟，他们急于寻找信念上的支撑，但是单纯的理论灌输在构建大学生的信念方面略显不足。实践是连接信念与现实的桥梁，理论需要用事实来证明其正确性。马克思曾说："哲学家们只是用不同的方式解释世界，而问题在于改变世界。"这表明马克思主义重视实践，以改造世界为己任。因此，新时期大学生思想政治教育要通过实践育人来构建和坚定大学生对马克思主义的信念。

一方面，要指导大学生善用自己的批判性思维将马克思主义信仰与宗教信仰区分开来。马克思主义信仰与宗教信仰最大的区别就在于其拥有实践性与开放性。高校可以利用实践育人活动将大学生置于中国特色社会主义的实践之中，让他们通过各种实地调查与研究，自主推论出马克思主义的科学性；另一方面，实践育人活动也是一种体现马克思主义信仰的行动。大学生在马克思主义理论的指导下正确认识和改造对象的活动，既表达了马克思主义信仰，又反过来形成一种激励效果，从而更加坚定其对马克思主义的信仰。

（三）高校实践育人的方法

高校实践育人活动的具体方法包括四种。

第一，社会调查法。所谓社会调查法，就是指大学生在教师的指导下采用数学统计或实地访谈的方式，分析某一地区的经济、文化问题，从而提出具体对策。社会调查法强调大学生通过社会调查学会"理论联系实际"。大学生在社会调查中以马克思主义基本原理为指导，通过对某一地区的定量分析来验证中国特色社会主义理论体系的定性结论，去除主观主义的思维弊病，从而实现马克思主义理论与中国具体国情的统一。

第二，开展校园活动。这是指高校通过组织一系列与马克思主义相关的趣味性文体活动，促使大学生积极思考马克思主义基本原理。传统的理论应试型方式虽然能够系统地向大学生传授马克思主义理论，但是这种灌输式的教学方法可能会让大学生产生一定的抗拒心理。此外，理论应试型方式在促使大学生记忆马克思主义原理方面虽具有一定优势，但是在引导大学生思考其深刻内涵方面却略逊一筹。因此，组织相关的趣味性文体活动，可促使大学生积极思考马克思主义基本原理。例如，高校可以组织相关专题辩论赛，让参赛者在搜集资料、整合论据、进行辩论的过程中将抽象的马克思主义基本原理内化为自己的思想认识，形成对于马克思主义基本原理的独特见解。

第三，志愿公益服务。高校大学生投身于公益事业，有助于在实践中提高思想道德水平。虽然"道德是经济基础的反映，而不是脱离历史发展的抽象观念"，但是道德作为一种伦理规范，大多指向结果而很少体现过程。换言之，道德规范只告诉人们如何做而很少解释为什么这样做。此外，我国道德教育长期侧重于理论灌输，这在一定程度上提高了国民素质，但也制约了国民对于道德认识的深化。特别是对于大学生来说，单纯的道德说教已不能满足他们对于道德认识深化的需要。志愿公益服务，既为大学生提供了道德实践的渠道，又深化了大学生对于道德的认识。具体来说，首先，志愿公益服务为大学生实践道德理论提供了渠道，使大学生能够从中体会到道德实践的正向反馈，从而激励大学生积极践行道德规范；其次，志愿公益服务将大学生置于特定场景，能够激发大学生的道德同理心，使其自主体悟道德规范的必要性与重要性。

第四，国际比较法。这是指高校组织大学生到国外进行友好文化交流的方法。古人云，"不识庐山真面目，只缘身在此山中"。身处于中国特色社会主义伟大成就中的当代大学生只有亲身对比国内外的差距，才能更好地认识到中国特色社会主义的优越性。

二、在党史、国史教育中实现历史与现实的照应

（一）党史、国史教育的意义

加强党史、国史教育的作用有两点。

第一，有助于大学生抵制历史虚无主义，坚定中国共产党的领导。所谓历史虚无主义，就是通过消解和解构历史，否认一些人们已经普遍接受的事实，强调历史是一种可以

随意涂鸦的"空"或"无"。从历史虚无主义的定义中可以看出，其在本质上违背了历史唯物主义的基本原则，是一种唯心主义的历史观。它打着"还原历史真相"的幌子，恶意歪曲党的历史，从而质疑中国共产党的执政合法性，具体表现为三个方面：其一，利用片面的史料否认中国共产党的性质、地位与宗旨；其二，夸大党在某些历史时期的错误，质疑党的宣传的权威性；其三，污名化英雄人物。历史是过去的现实，现实是未来的历史，中国共产党执政合法性是中国历史与逻辑相统一的结果。高校要通过各种途径加强对大学生的党史、国史教育，使他们坚定中国共产党的领导。

第二，有助于大学生抵制民族虚无主义，坚定中国特色社会主义的文化自信。所谓民族虚无主义，指因盲目崇拜西方的政治、经济和文化而产生出的一种完全不认同本民族的自卑心理与社会思潮。民族虚无主义的本质就是西方中心主义论，民族虚无主义者丧失了民族自信，他们贬损中国历史和传统文化，歪曲民族形象和民族精神。总的来说，民族虚无主义者持"全盘西化"的态度，他们通过多种方式混淆视听，试图向中国民众，特别是大学生传递一些错误观点。具体表现为四种做法，一是偷换概念，将西方殖民者侵略中国的客观影响偷换为主观目的；二是强加因果。某些民族虚无主义者将西式自由与科技创新强行联系起来，认为中国之所以科技发展水平低就是因为中国没有实现西式自由；三是将个人品质国别化。民族虚无主义者习惯于将个人的品质问题上升为对整个中国人的批判；四是虚构编造。民族虚无主义者通过虚构一些故事来赞扬西方，贬低中国。长此以往，中华民族的伟大复兴就会变为中华民族的全盘西化。社会意识无论表现得多么千奇百怪，决定它的始终是社会存在。民族虚无主义之所以在中国有一定的市场，归根究底还是因为中国与西方发达资本主义国家在经济、社会等方面存在着一定的差距。民族虚无主义者漠视中国迅速发展的现实，采用静止的视角看待中国的发展。因此，高校一定要加强对大学生的历史教育，要向大学生讲清楚中外差距的客观原因，用历史来证明我们现在相比任何时代都要更接近中华民族的伟大复兴；高校教师要注意从横向、纵向多方位对比的角度向大学生讲解中华民族辉煌的历史，讲述中国共产党是如何披肝沥胆地领导中国人民追求独立、进行改革开放。总而言之，高校要通过历史教育使大学生明白当今中国取得的成就是举世瞩目的，中国人正在走一条不同于西方发达资本主义的现代化道路，这就是中国特色社会主义道路。只有在全面了解历史的情况下，大学生才能既不在文化上自卑又不在文化上自大，真正地坚持中国特色社会主义的文化自信。

（二）党史、国史教育的方法

以铜为镜可以正衣冠，以史为鉴可以知荣辱。高校要从理论与实践的各个层面展开党史、国史教育。

第一，理论批判。高校要开设党史教育，在向大学生全面讲解党史的基础上，利用逻辑分析法揭穿历史虚无主义者所谓的"历史真相"。历史虚无主义之所以盛行，其中一个重要原因就在于大学生对于中国共产党的历史没有全面掌握。仅仅对大学生展开党史的书面教育是不够的，高校应当注重与网络上的历史虚无主义论调进行论战，通过逻辑演绎分析出这些论调的错误之处。例如，教师可以在课堂上选取与本节课程内容相关的历史虚无主义论调，通过数据分析和逻辑演绎揭露这些论调是违背常识与自相矛盾的。

第二，红色之行。红色之行是通过实地考察革命老区或游览红色展览馆的方式让大学生发挥主体性，学习中国共产党的光辉历史，切身了解中国革命历史与当代中国现实之间的联系，利用红色资源来教育当代大学生的一种方法。中国共产党经过28年腥风血雨的革命才建立了中华人民共和国，这其中留存着许多值得大学生学习的历史资源。红色之行具有形象生动的特点，它能将枯燥的历史文献通过历史遗迹与蕴含于其中的精神表现出来。

第三，新媒体实践教学。虽然从逻辑上说历史与现实紧密相连，但是从时间与空间角度来讲，当代大学生所处的环境与过去相比已经发生了翻天覆地的变化。仅仅通过理论批判与红色环境熏陶还无法完全使大学生切身理解特定历史的背景与意义。新媒体实践教学通过VR虚拟现实技术或者历史事件角色扮演的方式尽可能地还原历史的背景与环境，使大学生能够身临其境地接受党史、国史的洗礼教育。首先，VR技术能够还原历史事件的外部环境，它是"一种可以创建和体验虚拟世界的计算机仿真系统，它利用计算机生成一种模拟环境，是一种多源信息融合的交互式的三维动态视景和实体行为的系统仿真，使用户沉浸到该环境中去"。VR技术可以让大学生在室内体验极其逼真的历史环境，了解历史人物的一言一行。其次，通过技术对历史事件的角色扮演，引发大学生与历史人物的情感共鸣。情感共鸣主要来自相似的经历或处境。大学生通过历史人物的角色扮演能够使自己感同身受，增强对历史人物的认同感。

三、在课程思政中实现教书与育人的协同

守好思想政治理论课这个主渠道，充分挖掘其他课程中的思想政治教育元素，形成政治与学理相融合的"大思政"格局，是新时期大学生思想政治教育的重要创新之一。

（一）课程思政建设是协同学在大学生思想政治教育中的应用与扩展

协同学认为，系统是指由许多子系统组成的，子系统之间通过相互的协同作用使系统从无序到有序转变。思想政治教育是一个群体对于另一个群体施加影响的过程，也就是

说，思想政治教育本身可以被看作一个系统。在过去一段时间里，思想政治理论课被看作一个大系统，其下有诸如思想政治理论课的主体、客体、环体等子系统。协同学要求这些子系统相互协作，共同发挥作用，最终达到思想政治教育的最大化作用。课程思政则是协同学在大学生思想政治教育中的扩展性应用。

首先，思想政治理论课与课程思政的协同。在课程思政理念下，思想政治理论课作为一个整体成为"大思政"格局下的一个子系统，与课程思政同向同行，共同发挥着大学生思想政治教育的作用。思想政治理论课强调向大学生传授马克思主义理论知识，目的是培养大学生系统的人生观、世界观和价值观。从这一点来看，思想政治理论课更加重视马克思主义理论的学理性与思想政治教育方法的专业性。课程思政是从专业知识出发，努力发掘非马克思主义理论课课程中的思想政治教育元素，更加强调专业知识与政治科学性的统一。从方法论上来讲，课程思政的优势在于隐性教育。思政理论课与专业课的课程思政是各有重点、相互促进的关系。

其次，课程思政内部系统的协同。课程思政内部具有两大要素，即专业知识与思想政治教育元素。中国特色社会主义步入新时期，意味着我国日益接近世界舞台的中央。中国特色社会主义不仅需要解决中国发展的问题，还需要向世界传递中国声音，贡献中国智慧。这就需要我们的人才既具有坚定的政治立场又具有广博深厚的专业知识。与此同时，课程思政中的思想政治教育元素能够增强大学生的意志力，使其学习正确的思维方法，努力修炼自己的专业本领；而专业知识又能反过来增强思想政治教育元素的科学性，提供不同学科的马克思主义理论阐述新方式。

（二）高校课程思政建设应注意从其目标、定位和路径出发

首先，明确高校课程思政的目标是培养社会主义的接班人，政治底色必须是马克思主义。思想政治理论课虽然与课程思政的具体方法、知识体系有所不同，但是二者的目标都是一致的，都是为培养社会主义接班人服务。所以，课程思政建设始终要围绕立德树人这个目标来进行。理工类学科要注重培养大学生主观与客观相符合的科学思维方式，文科类学科更要注重自己的政治立场，用社会主义核心价值观引导大学生，艺术类课程要注重培养大学生"真善美"的正确审美情趣。

其次，确立高校思想政治理论课为主、课程思政为辅的定位。思想政治教育是我们党的一大法宝，高校思想政治理论课自然也要郑重地开展。它承担着对大学生进行马克思主义理论普及教育的任务，其中心地位是无可置疑的。课程思政是在"大思政"理念下实现"三全育人"的重要环节。它主要是在传递专业知识的同时向大学生开展德育工作。因

此，高校思想政治理论课与课程思政在分工定位上是不同的，万不可将思想政治理论课与课程思政混淆，将思想政治理论课建设为"知识性"的课程，把课程思政建设为"政治性"的课程。

最后，完善高校课程思政建设的路径。其一，促进专业课教师与思政课教师的协同。在各个高校开展的课程思政实践中，仍有部分专业课教师不注重挖掘专业课程之中的思想政治教育元素，坚持认为德育工作应由思政课老师负责，专门负责思想政治教育的教师则认为课程思政与己无关。高校党委要促进专业课老师与思政课老师的协同互助，使他们各自发挥自己的长处，共同建设好课程思政；其二，深入挖掘专业课程中的思想政治教育元素。专业课程中的思想政治教育元素是课程思政中的主要构成点。人文社会科学具有很强的政治性，完全中立的人文社会学科是不存在的。专业课教师要努力发掘本学科中的思想政治教育元素，采用先进的教学手段，将德育工作润物细无声地渗透进大学生的思想意识之中；其三，建立健全课程思政的保障制度。专业课教师发挥德育作用不能只靠政治自觉，应当从专业课的教材编写、大纲制定、激励制度和监督机制上下功夫，确保课程思政能够顺利开展。高校作为知识分子的聚集地，应当提倡学术自由，但是学术自由不等于胡言乱语。极小部分高校教师在向大学生传授专业知识的同时宣扬一些与党的政策相异的观点，极大地损害了党的威信。要建立健全适当的监督机制，防止极小部分高校教师的不当言行影响大学生的思想。

第六章

新时期大学生思想政治教育创新的策略探索

"明者因时而变，知者随事而制"。宣传思想工作创新，重点要抓好理念创新、手段创新、基层工作创新，把创新的重心放在基层一线。新媒体的不断发展，持续地改变着大学生的学习生活模式、行为方式和价值观、世界观，改变了大学生思想政治教育的内外环境，对大学生思想政治教育提出了新的要求、新的挑战。面对新问题走老路，必然无法满足时代的需求，为此，大学生思想政治教育工作者必须直面问题，勇于改革创新，在尊重事物发展规律的基础上，积极地探究新方法、尝试新技术、创造新经验，开拓大学生思想政治教育在新媒体视野下的新局面。

第一节　创新思想政治教育工作模式

大学生思想政治教育在一定程度上是对大学生思想品格形成过程中的一种说服教育和塑造的过程。关注学生的发展，从学生的需求点出发，才能使思想政治教育的内涵更好地被大学生主动吸收内化。新媒体时代，科技的创新带来的不仅仅是对生活、工作的影响，更多的是观念的转变。思想政治教育工作者要厘清这些变化，跟随时代的潮流，对教育观念进行更新，与大学生在新时期的思维方式同步转变，创新思想政治教育的工作模式。

一、始终坚持"以人为本、育人至上"的工作理念

随着大学生对新媒体使用广度与深度的不断扩展，新媒体中自由、平等、开放的思想意识已深入大学生头脑中，越来越多的大学生将自我平等、全面发展的需求从新媒体中延伸到校园中。

新媒体时代，思想政治教育工作者需要看到学生主体的需求，尊重学生主体地位，以实现学生全面发展为教育目标，坚持"以人为本、育人至上"的工作理念，深入研究大学生群体的心理特征，掌握他们的思想动态，以生活式关怀走进大学生的内心，激发学生的积极性与主动性，有针对性的开展思想政治教育工作。

（一）强化大学生思想政治理论课教学过程中的问题意识

思想政治理论课作为对大学生进行思想政治教育的主渠道。在教学过程中，强化大学生的问题意识，有针对性地分析、引导大学生，使其客观分析所关注的热点问题。在这一过程中，教育者要将大学生放在中心位置，通过分析大学生所关注的新媒体中的热点问题，借助新媒体的传播优势，探究他们的心理需求，关注他们的所思所感。在思想政治教育理论课程上，如果教育者回避此问题，不做出正面的引导，不仅会拉大与学生之间的距离，更有可能会使部分大学生的价值观、道德观受到影响。因此，教育者应及时对大学生所关注的问题做出回应，在对事件进行全面透彻的分析过后，利用视频、图片等形式向大学生传递社会正能量，通过全方位的、多层次的、多角度的情境引导，帮助大学生树立正确的、健康向上的观念并加以内化落实。

（二）有针对性的进行大学生思想政治教育，切实做到因材施教

传统的思想政治教育往往是为完成教学目标而对全校范围的学生开展思想政治理论课程的学习，其教学内容常常是一成不变的。由于学习环境的差异，文理科学生对于思想政治理论课的接受能力也存在差异。文科学生由于从未间断过政治理论方面的学习，加之学科间的渗透，使其对于思想政治原有课堂内容的理解较为容易，从他们的角度出发，课程内容应该更为深层次一些；然而一些理工科学生由于对基础知识的把握不够扎实，使其对原有课堂内容的理解较为困难。随着新媒体时代的来临，大学生的自我意识得到进一步的发展，根据自身内在心理需求，要求课程学习内容有所区别的趋势较为明显。由此，新时期的大学生思想政治教育工作应根据大学生的不同专业加以区分，从而有针对性的有序开

展思想政治教育工作。以新媒体为载体的大学生网上思想政治教育活动也需要根据大学生的不同专业而有所区分。一些文科生常常为自己的个人前途而担忧，一些理工科学生则往往为自身的学业而烦恼等问题，均需要教育者依据不同情况进行不同引导，量体裁衣，对思想政治教育的针对性不断进行提升。

（三）重视增强思想政治教育过程中的生动性

作为一种教育目的性很强的活动，思想政治教育不断进行着由教育到转化的过程，而这一过程顺利完成的关键就是其被大学生所接受。与传统思想政治教育不同的是，这一过程未必需要严肃冷峻，其内容也未必是晦涩难懂的。面对新形势，思想政治教育更加需要展示其所具有的生动性和吸引力，借此让大学生接受。在丰富教育内容，拓展教育形式之余，要重视思想政治教育过程中的生动性的增强，必须转变新媒体环境中思想政治教育的语言表达方式，结合新媒体语言的模糊性、混杂性、简洁性等特点，转变思想政治教育话语语境，如将"对话"变为"讨论"，将"必须"变为"可以"。通过话语方式的多元转换，让思想政治教育工作者从"高台"走下，以一种亦师亦友的平等身份与学生进行交流和沟通，站在学生的视角引导其思想的发展。

二、探索"新旧结合、虚实统一"的工作新思路

新媒体时代，传统的大学生思想政治教育方式存在问题，这是毋庸置疑的，但经过多年的经验积累，并能不断经过时间与实践的检验而延续至今，无不说明其仍具有一定的科学性与存在的必要性，因此，对传统大学生思想政治教育中的有效性必须予以肯定。这就要求大学生思想政治教育者在新媒体时代进行创新之余，需要不断进行回顾与总结。在此基础上，加入大学生感兴趣的、具有时代感的内容，以适当的方式开展教育工作并做到有效传播。正如马克思主义哲学思想中所讲述的，对于大学生思想政治教育工作的历史与创新而言，全盘否定或是全盘肯定都是不正确、不全面的。新媒体视野下的大学生思想政治教育与传统大学生思想政治教育二者之间应该是互相共存而非淘汰取代的关系。将新旧媒体有效地结合在一起，以虚实统一的新方法进行思想政治教育，才能真正提高思想政治教育的实效性。此外，面对复杂多变的国际形势，西方敌对势力从未停止过对我国大学生进行思想渗透的脚步。随着科学技术的发展，西方资本主义国家妄图通过新媒体加速对我国大学生的西化。对此，必须加强新媒体环境中思想政治教育阵地的建设，以先进的理论武装学生头脑，抵制不良信息的侵入。

（一）要充分实现教育内容上的新旧结合

传统的大学生思想政治教育中，理论本身没有任何问题，但由于部分理论过于深奥，语言过于晦涩难懂，不少经典理论逐渐无人问津。新媒体视野下大学生思想政治教育的创新就是要求思想政治教育工作者将传统教育中的优秀思想进行整理，将其相关理论精髓以新媒体的语言进行阐述，提高其对大学生的吸引力，在不影响思想理念的前提下，最大限度地为大学生理解优秀思想提供便利。思想政治教育工作者可以将新媒体中的先进文化或热点话题与思想政治教育中的思想理论相结合，在大学生的"兴趣点"上开展理论教育，往往能取得意想不到的效果。此外，思想政治教育工作者可加强对新媒体技术的使用，采用声、光、画面等元素对思想政治教育理论进行包装，使理论本身立体化、直观化。

（二）要充分完成教育形式上的虚实结合

要想使新时期大学生思想政治教育具有强有力的生命力，必须完成教育形式上的虚实结合，做到网上网下思想政治教育的无缝衔接。这就要求建立起一个高效覆盖且立体交叉的网络体系，实现课上课下互补、网上网下互动的新局面。在课堂教育中，教育者应关心学生所关注的热点问题，在课上给予正面回复，以马克思主义理论的先进思想武装大学生头脑，引导大学生树立正确的人生观、价值观。课堂外，教育者可以开通QQ、手机信箱、微信、微博等新媒体平台，与学生进行零距离互动，及时了解大学生的课下思想动态，实现师生间资源互通，以亦师亦友的身份融入大学生的日常生活之中，再进行适时引导。当再次上课时，教育者可根据线上情况在课上与大学生进行面对面的平等交流，形成一个完整的网上网下互动链，进而真正实现新旧结合、虚实统一的教育新思路。

三、构建"分层教育、分众教育"的工作新方式

在新媒体的作用下，大学生个性化意识逐步加强，传统大学生思想政治教育的"一本教案走校园""一套课件教几年"等教育方式不再适用于当今形势。新时期大学生思想政治教育工作的有效开展，必须是在充分尊重学生个性的基础上进行，对学生不同的专业、不同的知识背景、不同的兴趣爱好进行归纳分类，制订不同的教育方案，从而有针对性地将大学生思想政治教育工作细化、深化。

（一）依据专业领域划分，定制文理不同的教育方案

由于文科学生和理工科学生对于思想政治理论学习的基础不同，加之在日常的学习生活中培养的学习思维不同，在接收思想政治教育时，侧重点以及对难点的把握必然会出现差异。思想政治教育工作者在进行分类教育时，应充分考虑这些因素。在对发散思维强的文科生进行教育的过程中，多采用网状知识结构，适当地提高理论高度；在对逻辑思维严密的理工科学生进行教育的过程中，则应多采用线性知识结构，以通俗易懂的方式进行层层递进的思想教育。

（二）依据年级划分，寻找不同年级的教育切入点

依据年级的不同，分析大一至大四年级学生的不同关注点与兴趣点，通过不同的渠道，开展更具针对性的思想政治教育工作。大一学生初入校园，面对未知的独立生活，心理上存在一定的不适应性。思想政治教育工作者可将新媒体融入新环境中，采用介绍式的教育方法，拉近与学生间的心理距离，教育基调应以人文关怀为主。大二、大三年级的学生对校园已形成基本认识，教育工作者可通过引导性教育、方向性教育，以提高思想政治教育的有效性。大四年级的学生面临就业选择与压力，容易形成一定的心理负担，教育工作者应适时关注其思想动态，缓解大学生的焦虑情绪，进行渗透式教育。不同年龄段的学生对新媒体载体的选择具有差异性，教育者应审时度势，依据不同年级学生的变化选择相应的主要教育载体。

（三）依据影响规模划分，实现模范与普通的群体共赢

在高校中，常常将在某一方面能够成为典范、具有号召学习力量的群体称为模范群体，如：先进班集体、文明宿舍、优秀党支部等。这些群体中的成员一般都具有较高的思想和文化水平，具有较强的自我约束和自我鞭策能力。在对这些群体进行思想政治教育时，其着重点应放在方向的引领及前景规划上。而普通群体则是生活在模范群体周围的，因此，对普通群体的思想政治教育，一方面，需要发挥模范群体的榜样力量，由模范群体将抽象的思想政治教育原理和准则进行具体化和人格化，在日常生活中不断对普通群体起到激励、引导的作用，促使其将榜样的力量内化为自我前进的动力；另一方面，思想政治教育工作者在教育过程中，需要对普通群体给予关注、引导和鼓励，将思想政治教育工作生活化，重视普通群体的每一次进步。

教育者在实行分众教育时，可采用单一条件进行划分，也可结合实际需求，选择多个

条件进行组合划分，不断提高思想政治教育的实效性。在分层教育问题中，值得注意的是，分层教育并不意味着分开教育。分层教育是教育者的主动性与学生的主动性互动的过程，是教育者根据不同群体、类别的学生的不同需求，设计侧重点不同的教育内容，从而满足学生主动探究的要求。在对某一类别的学生进行教育的同时，其他类别的学生也在教育范畴，只是不作为重点教育对象的存在。

第二节　增强思想政治教育的吸引力

新媒体凭借其强大的技术优势，极大地扩展了大学生的视野，丰富了大学生的知识储备。面对新媒体的强势来袭，不少大学生由于媒介素养较弱，易于沉迷其中，无法主动地对信息进行有效批判吸收。在缺乏监管的网络环境中，正处于成长期的大学生其慎独能力还有待于进一步加强。对此，大学生思想政治教育需要结合新媒体时代特点，不断融入适应时代需求的教育内容，增强其对大学生的吸引力。

一、提高大学生媒介素养教育，强化大学生的批判精神

媒介素养这一概念起源于西方，在概念引入后，我国学者根据国情对这一概念进行了逐步深化的研究，在新媒体时代对不良信息的辨别能力和免疫力以及对媒介信息的批判意识和批判能力是受众传媒素养的重要内容。随着科技的发展，大学生对于世界的认识越来越多地通过新媒体来完成，而大学生身处新媒体的复杂环境中，只有不断加强其媒介素养，才能提高大学生的批判能力，不被外在环境所浸染。

（一）提高大学生媒介素养教育，必须通过理论进课堂来夯实基础

对于大学生媒介素养提高问题的解决，最根本、最行之有效的方法便是将理论搬进课堂，进行系统的理论学习，让大学生从意识上重视它。一方面，高校需要快速成立学科小组，组织高水平教师从思想政治教育角度出发进行教材的编写，并开设相对独立的媒介素养课程，面向全校大学生进行授课，提高大学生对于媒介功能以及信息本质的认识，培养大学生以辩证的视角分析问题的能力；另一方面，其他课程教师，如哲学、政治学、社会

科学等课程教师，需要注重自身媒介素养的提高，将媒介素养知识与所教授的学科知识相结合进行渗透式教育，往往可收到事半功倍的效果。例如，哲学教师在讲授透过现象看本质的哲学问题时，可结合媒介素养教育开展的必要性共同讲授，既说明了问题、列举了实例，又阐明了媒介素养教育的重要意义，一举两得。

（二）提高大学生媒介素养教育，要开展相关实践活动

媒介素养作为一种素质教育，较强的实践能力是其根本目的。在理论学习之余，思想政治教育工作者可充分利用校内、校外资源，为学生提供接触媒体的机会，打破其在学生中的神秘感。一方面，可组织学生体验校报校刊的编辑撰写工作，由相关部门的指导教师进行宣传和培训，让大学生与自己身边的媒体进行零距离接触，正确引导其对信息的使用和传播；另一方面，组织学生走出校门，参观后期制作单位，与导演、记者、主播进行面对面交流，让学生看到信息最真实的一面，还原原生态，使大学生对节目或新闻形成理性认识，培养其批判精神。

（三）提高大学生媒介素养教育，需拓宽教育渠道

大学生媒介素养教育不可能一蹴而就，而是一个持续的、循序渐进的教育过程。在这个教育过程中，社会力量是不可忽视的。通过对社会上的各个机构进行力量整合，扩大合作来进一步推进大学生媒介素养教育。

二、增强大学生网络道德教育，提高大学生"慎独"能力

新媒体的发展壮大，加强了人与人之间的交往，促进了思想的解放，拓宽了大众视野。在新媒体加速人类文明进步的同时，也带来了包括网络道德弱化问题在内的诸多矛盾。网络道德主要是一种在网络环境中调整人与人、人与社会之间关系的行为规范，通过信念和舆论对网上生活起约束作用，对网民行为进行影响。由于技术水平的推进，网络中符号化、自由化、隐蔽化的生活方式对大学生的网络道德培养造成影响，在缺少监管的条件下，其网络道德呈现弱化趋势。思想政治教育工作者在充实大学生思想政治教育内容、增强教育实效性的过程中，需进一步充实大学生网络道德教育的内容。

（一）制定完善的网络道德规范

康德曾说过："这个世界上唯有两样东西能使我们的心灵深深地感到震撼，一是我们

头顶灿烂的星空；二是我们内心崇高的道德法则。"强化大学生网络道德教育，必须制定出相对完善的网络道德规范，将网络道德落实到能够看得到的规章条例之上。大学生思想政治教育工作者在结合教学实际情况的前提下，联合政府、社会等多方力量，制定大学生的网络道德规范（条例），将其上升至社会公约高度，在社会范围内进行普及。各高校可依据网络道德规范印制相应的学生手册，分发至学生手中，使其能发挥纲领性文件的指导作用，唤醒大学生的"慎独"意识。

（二）整合课程资源，发挥课堂德育教育功能

无论科技如何飞速发展，课堂永远是学生获取知识的主要渠道。加强大学生网络道德教育，必须充分利用校园课程资源，最大限度地开展网络道德教育。一方面，高校可结合自身教学的实际情况，开设专门的网络道德教育课程，将其作为基础必修课，面向全校学生进行讲授；另一方面，可将网络道德教育融合进其他相关课程进行渗透式教育。如将计算机基础知识与网络道德教育相结合，让学生在学习技能的同时，将网络道德作为技能提高的必要条件进行内化；也可将网络道德融入思想政治教育理论课程，让其作为具有时代感的内容出现在课堂中。此外，还可将网络道德相关内容添加至法学、伦理学等相关学科中，开展混搭式跟进教育。

（三）加强情感沟通与人文关怀

新媒体中的交往活动往往通过机器设备进行，仅依靠缺少人情味的在线交流难于实现情感的真实表达。因此，思想政治教育工作者在对学生进行网络道德教育的过程中，要注意到学生的情感需求，在以人为本的理念指导下，鼓励学生通过对道德理论的学习，将其应用于实践中，在道德行为中体会被敬重的满足感，帮助大学生树立正确的网络道德观。

此外，思想政治教育工作者还可在新媒体中积极开展相关的文明活动，如评选十大文明网络用语，将网络道德教育活动渗透到学生日常活动中，在不知不觉中提高大学生的网络道德。

三、发挥先进典型的示范作用，提高大学生"荣辱"意识

在思想政治教育中，榜样教育可谓是最直接、简明的教育方法。英国教育家洛克曾经指出，"榜样是凭借他人高尚的思想、模范的行为以及卓越的成就对学生的品德加以影

响。"榜样教育是"以先进典型为榜样，以典型人物的先进思想、先进事迹来教育人们，提高人们思想认识和思想觉悟的一种方法。"当今，大学生思想政治教育依旧需要榜样的力量，在教育内容中添加榜样事迹，通过新媒体的多平台进行广泛宣传，扩大榜样影响，对提高大学生的思想政治教育成效具有重大意义。

（一）发挥先进典型的示范作用，要尊重客观性原则

辩证唯物主义明确指出，事物是客观存在的。先进的典型人物和典型事迹也是如此。在先进典型树立的问题上，需要坚持实事求是的精神。一方面，可以深入学生中进行素材的收集，切实做到先进典型的选取来源于学生的真实生活；另一方面，在成功校友的典型树立工作中，需要对相关问题进行深入验证，确保其事迹都是真实的。唯有如此，才能以真实打动学生，以真情实感走入学生内心。

（二）发挥先进典型的示范作用，要从多角度、多层次进行全面挖掘

高校作为综合性人才的培养基地，通过学科的划分进一步培养某一领域的专业人才。由此大学生的知识结构总会呈现出不同样貌，进而能走进其内心、对其学习生活带来影响的先进典型类型也必然会有所差异。思想政治教育工作者需要从实际出发，结合大学生实际需求，从多角度、多层次开展先进典型的树立工作。例如，通过优秀科研大学生的评选，选取大学生科研典型，带动理工科大学生积极投入科研工作；通过校园道德模范评选，树立道德典型，以此带动更多学生加入助人为乐、义务服务等校园组织中；通过模范党员的评选，增强大学生积极入党的决心和动力。思想政治教育工作者要坚持从不同群体、不同层次出发，全面树立先进典型，切忌将先进典型变成"高大全"的单一模式，依靠生活化的典型动力，增强思想政治教育的感染力和号召力。

（三）通过意见领袖，延续先进典型对大学生带来的积极影响

意见领袖作为一个传播学概念，主要指那些在传播活动中针对某一事件为他人提供意见或评论，并对其决定加以影响的活跃分子。在通过先进典型对大学生进行思想政治教育的过程中，意见领袖具有不容小觑的作用。一方面，由于学生个体差异，并不是所有学生都会对榜样事迹予以关注，如此一来，榜样的带动作用便无法发挥。而通过意见领袖对先进典型进行全面传播，可带动"漏网"学生间接关注，形成心理暗示；另一方面，任何事件的发展都会经历一个从兴起到高潮最后归于平静的发展过程，先进典型的示范作用也是如此。然而榜样的选取周期不宜过短，泛滥的榜样只能消解大学生对于榜样的崇拜感。由

此，在榜样作用的衰退期需要意见领袖通过多种方式或渠道发挥作用，来保持先进典型的积极影响。因而，思想政治教育工作者需要在不同专业、不同年级间有意识地进行意见领袖的培养。

第三节　优化思想政治教育媒体环境

新媒体视野下大学生思想政治教育创新是一项艰巨而庞大的系统工程，需要融合包括政府、社会、高校在内的多方力量共同参与，优化媒体环境，才能保证大学生思想政治教育切实收到成效。

一、以政府为主，加大拟态环境的建设力度

拟态环境作为传播学的重要概念由李普曼在1922年的《舆论学》中提出。所谓拟态环境主要是指信息环境，然而它却并不是现实环境镜子式的再现，而是传播媒介通过对象征性事件或信息进行选择和加工、重新加以结构化以后向人们展示的环境。拟态环境不仅制约着人们的认知和行为，还通过这种制约对客观的现实环境产生影响。随着社会的信息化程度越来越高，大学生的认知和行为受到拟态环境的影响也随之加深。面对宏观环境所产生的巨大变化，我们应以政府为主，加大拟态环境的建设力度。

（一）加强相关立法，采用法律、法规、政策等手段规范网络信息传播，净化网络信息环境

随着互联网的快速发展，其开放性及隐蔽性的特点导致网络信息环境趋于复杂化，信息质量参差不齐。负面信息的传播对拟态环境造成污染，蚕食着大学生的网络道德与社会主义价值观。因此，政府部门应针对这些"破窗"第一时间采取有效措施，及时健全相应的法律法规，对网站从业者和信息发布者进行法律约束，通过法律法规，净化网络信息环境，将有害的、不健康的信息剔除，严厉打击传播网络有害信息的网站。

（二）大力弘扬社会主义核心价值观，占领拟态环境主场

在网络技术的支持下，新媒体所构建的主体多元化造成信息源的不断增长，多种价值观相互交融、渗透与冲突，对大学生产生了极大的影响。在此环境下，要充分发挥政府的主导力量，大力弘扬社会主义核心价值观。通过红色网站、新闻门户网站的建立，多渠道、多角度的对社会主义核心价值体系进行宣传，以红色的、正面的信息占领网络空间，营造积极向上的传播氛围。此外，通过对议程进行设置，有序引导大学生关注并加入社会主义核心价值体系的探讨中，形成拟态环境舆论主场，对消极的、低俗的、具有分裂倾向的不良信息予以坚决的驳斥与回击。

（三）成立网络信息监管部门，加强信息传播过程中的监管力度

面对互联网中出现的反动、暴力、色情等不良信息，在对大学生进行正面引导的同时，政府需要针对网络信息的传播成立专门的监管部门，以法律为保障，进一步加强对网络信息的监管力度。一方面，根据时代的发展设定敏感词汇，对不良信息进行过滤并加以删除；另一方面，监管部门要坚持对发布不良信息的传播者进行跟踪追查，保障技术上能够实现彻底肃清，对追踪到的信息传播者进行必要的教育，情节严重的可依法处理。此外，要畅通网络不良信息的举报投诉渠道，调动广大网民的积极性，共同打击不良信息的传播，从而形成和谐有序的网络信息环境。

二、以高校为主，扩大校园新媒体影响范围

对大学生来说，大学阶段正是其结束了应试教育后，开始形成对社会的认识和判断的时期，而高校作为这一时期大学生生活环境的主体，承载了对大学生较多的思想政治教育任务。思想政治教育工作者在以传统的方式开展思想政治教育工作之余，应更多地适应时代的发展，逐步扩大校园新媒体中的思想政治教育比重，在结合大学生兴趣的同时，以具有时代感的内容和方式，吸引并感染大学生对教育者所传播的内容主动接受，并内化为自身指导实践的持续动力，使大学生思想政治教育实效性的增强真正得到落实。

（一）结合课堂教学，开设大学生思想政治教育理论课程网站

在坚持课堂教学的基础上，结合课程内容，开设大学生思想政治教育理论课程网站，将弘扬主旋律的内容融入网站的思想核心之中。一方面，通过设计不同的版块，对马克思

主义基本理论、党的路线方针政策等书本内容进行二次编辑，以多种形式对思想政治教育课程的基本理论进行演绎，简化理解程序，同时，设置时政版块，添加富有时代感的新时期理论；另一方面，可开设思想政治教育网络课程，设计网络课堂考核标准，以修学分的形式激励大学生对思想政治教育理论网站的关注。

（二）依据校园已有网站，增设思想政治教育主题版块

依据校园中已投入使用的成熟网站，尤其是访问量较高的学校官网、学生在线等校园网站，增设思想政治教育主题版块，将版块名称设计得更具有吸引力，以期不引起学生的排斥心理。内容上涵盖时事、政治、经济、文学、心理、法学、伦理等多学科多领域知识，以满足不同类型大学生的需求。在进行多学科知识阐述过程中，将思想政治教育的政治性本质与历史文化知识、经济发展走势、现代科技信息进行有机融合，使其具有极高的文化和科技含量，使大学生在潜移默化中受到思想政治教育理论的熏陶与感染。

（三）加强校园论坛（BBS）信息交流平台的舆论引导

高校BBS作为一个互动平台，越来越多的大学生乐于在BBS上就校园热点问题或是时事政治新闻等展开讨论，然而，大学生的讨论活动稍加挑拨或者煽风点火，便会成为舆论的导火索。为此，大学生思想政治教育工作者应进一步重视校园BBS中的舆论引导。一是要建立起相应BBS规章制度，如《校园网络BBS站点管理规则》或《校园BBS平台准入条例》等，形成完整的制度保障机制，使校园BBS的运行更加制度化、规范化。二是培养有效"意见领袖"，引导话题走向。一些大学生思想政治教育工作者由于精力有限，不可能在每一个讨论组中现身说法，为此，要大力培养"意见领袖"，在学生谈论过程中，通过理性的分析和平等的话语表达，对学生的情绪进行疏导、安抚，缓和过激讨论态势，引导舆论健康走向。

此外，大学生思想政治教育工作者可结合校园手机媒体的应用，进行校内新媒体资源整合，制订详细工作计划，有序开展大学生思想政治教育，提高教育的实效性。

三、以社会为主，健全新媒体信息监管机制

随着时代的发展，高校与社会之间不再是单一的、独立的存在。通过新媒体，社会发展的最新动态时刻影响校园中大学生的一举一动。面对社会转型期多元文化的交流碰撞，大学生的思想观、价值观都在不同程度地受到影响。大学生思想政治教育工作也受到挑

战。面对复杂的思想政治教育环境，社会需要联动政府、高校共同努力，净化新媒体信息传播环境，建立健全新媒体信息监管机制。

一是要在全社会范围内，结合国家出台的相关法律法规，在各个机构（网站运营单位、新闻机构、IT公司等主要依靠互联网发展的机构）间制定通用的网络信息传播公约。公约需对网络中信息的传播做出明确说明，对公约的适用机构和适用人群做出明确界定，并对违反公约的处罚条例进行详细说明。将管理机制落实到实践，切实做到有据可依。二是加强相关机构的强强联合，成立信息监管联盟。结合各机构自身优势，在推动联盟内机构共同发展的同时，通过敏感词汇库的建立，对网络信息进行有效监管，通过大数据模型对信息进行类别化整理分析，发现不良信息传播源后，通过技术手段，封锁其IP地址，并对其进行邮件警示。此外，在联盟内部设立思想政治教育组，通过对思想政治教育理论知识的转化，将社会主义核心价值观内化于联盟技术发展之中，从根本上逐步净化网络信息环境。三是建立高效畅通的信息反馈系统，接收到来自基层网民的声音。联盟内机构需采用统一的信息反馈系统，所有反馈信息均上传至后台，联盟内机构对反馈信息共享，通过意见反馈开展有效的漏洞处理工作。

第七章

新时期大学生思想政治教育创新的路径研究

第一节　网络引领，占领新时期高校意识形态主阵地

马克思曾经说过，"如果从观念上来考察，那么一定的意识形态的解体足以使整个时代覆灭"[1]，由此可见意识形态的重要性。高校是党的意识形态工作的前沿阵地，而网络则是各种意识形态交锋的主战场。在此形势下，高校如何坚持好马克思主义意识形态的指导地位，把握好网络时代高校意识形态教育的大方向，增强高校意识形态教育的吸引力和实效性，培养专业的网络人才队伍，从而维护好高校网络意识形态安全，牢牢掌握高校意识形态工作领导权，就成为亟须解决的问题。

一、坚定马克思主义指导地位，正确把握网络时代高校意识形态的教育大方向

意识形态工作是党的一项极其重要的工作，巩固马克思主义在意识形态领域的指导地位，是正确把握网络时代高校意识形态教育大方向的关键。党的十九大报告指出，要"加强互联网内容建设，建立网络综合治理体系，营造清朗的网络空间"[2]。"高校是意识形态工作的重要阵地，网络作为新的社会要素、信息载体和传播途径，愈加体系化、规范

---

[1] 《马克思恩格斯全集》第 8 卷，人民出版社 2009 年版，第 170 页。
[2] 《十九大以来重要文献选编》，人民出版社 2017 版，第 42 页。

化、法制化地构筑着新的网络社会环境。"❶新时期高校意识形态工作与网络环境相互交融，因此在网络环境中进一步加强高校意识形态工作，巩固和加强马克思主义意识形态统领作用，是当下工作的重中之重。

（一）高举旗帜，加强马克思主义理论对高校网络意识形态工作的引领

马克思主义作为科学的理论，既是一门科学，又是一种意识形态。同时，马克思主义也是我们立党立国的根本指导思想，是全国各族人民团结奋斗的理论基础。随着时代的发展、科学技术的进步，互联网越来越发达，并以其便利性、开放性、多元性等特征吸引着大学生，成为大学生日常活动不可或缺的一部分。但是网络带来便利的同时也产生了许多弊端，它的多元化和开放性使各种思想观点鱼龙混杂，其中既有鼓舞人心的正能量榜样，也有负面形象。"由于网络环境本身的隐蔽性与网络表达的相对自由，很多纷繁复杂的观点充斥互联网并不断侵入高校，进而影响高校意识形态。"❷高校是意识形态工作的前沿阵地，必须高举旗帜，加强马克思主义理论对高校意识形态工作的引领。其一，要提升高校网络媒体工作者的马克思主义理论素养。网络媒体为有针对性地开展高校意识形态工作提供了平台，高校要充分利用这个平台，将马克思主义理论摆在重要位置。同时，高校网媒工作者要加强马克思主义理论素养，认真研读马克思主义经典著作，读原著、学原文、悟原理，在网络传播中使马克思主义理论接地气、易理解，使高校学生更容易接受。其二，强调马克思主义理论价值引领的正确性。网络环境下也需要强有力的理论支撑，马克思主义理论具有实践性、科学性、时代性，处处闪耀着真理的光辉，它引领当代大学生树立正确的世界观、人生观、价值观，并且能够帮助大学生有效抵御网络不良思潮的影响。其三，高校网络媒体要营造学习马克思主义的氛围。宣传思想工作是高校意识形态工作的重中之重，要加强高校网络意识形态工作，就必须将马克思主义理论融入网络环境，营造良好的网络氛围。所以，要把握好网络时代高校意识形态教育的大方向，第一步就是要高举马克思主义旗帜，以马克思主义理论对高校网络意识形态工作进行科学引领。

（二）凝心聚力，借助网络新媒体加强党对高校意识形态工作的领导

"我国高校是党领导下的高校，是培养社会主义建设者和接班人的坚强阵地。"❸网

---

❶ 敖永春、张振卿：《网络环境下加强马克思主义对高校意识形态的指导》，《中国高等教育》2018年第 13 期。

❷ 敖永春、张振卿：《网络环境下加强马克思主义对高校意识形态的指导》，《中国高等教育》2018年第 13 期。

❸ 钟彬、刘笑侃：《维护高校意识形态安全对策研究》，《中国高等教育》2019 年第 18 期。

络新媒体的发展，对高校意识形态工作的开展增加了挑战，同时也带来了机遇。

一方面，要确立党对高校网络意识形态工作的领导地位。高校各级党委要具有责任意识和时代意识，借助网络新媒体做好高校意识形态工作。各高校要从自己的实际出发，建立"'党委统一领导、党政齐抓共管、党委宣传部牵头主抓、有关处室各负其责、二级学院认真实施'的协同工作机制"[1]。高校各级党委要"牢牢把握意识形态的发展方向，大力弘扬宣传主流意识形态，增强党在高校意识形态领域的主导权和话语权，旗帜鲜明坚持党管宣传、党管意识形态、党管媒体，旗帜鲜明支持正确思想言论，旗帜鲜明抵制错误思潮"[2]，引导大学生认同主流价值观，共同抵制错误腐朽思潮的侵袭。

另一方面，利用网络新媒体特点加强党对高校意识形态工作的领导。网络新媒体具有传播信息迅速、互动性强、渗透力强等特点，使大学生能在第一时间接收到主流价值观，有助于各级党委工作人员及时与学生互动，以双向交互的方式增强大学生对主流意识形态的认同感与接受度。高校可以借助网络新媒体的渗透力从各方面加强党对高校意识形态工作的领导。

（三）强化建构，塑造网络时代主流意识形态的生命力

网络时代的多元性意味着网络世界是缤纷多彩的，这个新奇而富有特色的世界，成功地吸引了大学生的眼球。在网络时代，马克思主义作为主流意识形态，要想继续迸发生命力，必须顺应时代特点，与时俱进；同时，传播马克思主义意识形态也要接地气，使之成为广大师生愿意听、喜欢听、有共鸣的马克思主义。具体而言，可从两方面做起。一是创新马克思主义意识形态的表达方式。大学生对于枯燥的专业术语只会产生抵触情绪，要让大学生在丰富多彩的网络世界中对马克思主义意识形态从抵触到喜欢，就必须注意表达方式，不能仅仅停留在理论的学理化解读，更要用通俗易懂且贴近大学生现实生活的方式来表达。例如，马克思的《青年在选择职业时的考虑》，这篇关于青年如何择业的文章就可以用来引导大学生的择业观。文章中充满了理想主义及坚定的信仰，有深厚的理论功底，关键是用何种方式让大学生接受。既可以尝试用动漫的方式来演绎以加强其生动性，也可以通过线上讨论的方式让更多的大学生参与进来，从而切身感受马克思主义的现实力量。二是在网络空间交流中不断完善马克思主义意识形态。马克思主义意识形态的生命力不在于保守，而在于开放。由于网络的开放性，各种社会思潮在网络空间交杂碰撞，有的还可能对马克思主义意识形态造成冲击。面对这些思潮，我们既不能单纯地排斥，也不能全盘接受，要取其精华，去其糟粕。马克思主义在与这些思潮碰撞交流过程中，也在不断地完

---

❶ 王宗礼、周方：《网络新媒体对高校意识形态安全的冲击及应对》，《思想教育研究》2018年第10期。
❷ 钟彬、刘笑侃：《维护高校意识形态安全对策》，《中国高等教育》2019年第18期。

善自身，彰显了蓬勃的生命力。完善马克思主义意识形态，就要重视中华优秀传统文化和社会主义核心价值观在网络时代的重要引领作用，它们是历史的积淀与现实的凝结，马克思主义与二者的结合能更好地引领网络时代的意识形态并掌握主动权。

（四）拓展阵地，抢占高校网络意识形态传播的制高点

人在哪里，思想政治工作就要做到哪里。网络空间现在已经成为大学生日常活动场所，所以要做好高校网络意识形态工作就要抢占制高点，占领网络阵地，使高校意识形态工作与时俱进，契合时代发展的潮流。首先，高校要善用权威声音。大学生面对海量碎片化、情绪化的网络信息和网络舆论，以自身的知识储备和经历无法在这些信息和舆论中分清孰是孰非，从而充满迷惑，这个时候专家权威的分析就成为大学生的"定心丸"。通过网络更快更准的权威发声能够更好地引领大学生在网络中遵循主流意识形态，树立正确的价值观。其次，打造高校网络互动平台。靠传统的课堂和媒体单方面向大学生"填鸭式"注入主流意识形态，只会事倍功半，不能达到预期效果。只有与大学生双向互动，真正了解大学生的需求，得到大学生的认同，才能使高校在网络空间具有群众基础，才能更好拓展网络阵地，为抢占高校网络意识形态制高点奠定基础。最后，引导大学生成为主流舆论的参与者。大学生是高校网络意识形态工作的主体，共同造就了高校网络空间的舆论生态，因此，要抢占网络制高点，引导大学生发挥主体作用是关键。高校在网络上要放大大学生积极向上的声音，善于在平凡中发现闪耀的光，不断向网络注入正能量，引导大学生自身去抵抗、对抗直到清除网络负能量。在这个过程中可以采取提升网络等级、颁发奖项等激励方式，调动大学生的积极性，使大学生认识到自身的主体地位，从而增强主人翁意识和责任感，做到守土有责、守土负责、守土尽责，共同守护网络家园，促使高校牢牢占领网络舆论高地。

二、创新网络实现形式，增强高校意识形态教育的吸引力和实效性

习近平总书记曾提出，"当今世界，意识形态领域看不见硝烟的战争无处不在，政治领域没有枪炮的较量一直未停"[1]。传统的意识形态教育已经不能适应当下网络发展的要求，要使意识形态教育能够在网络扎牢根基、增强影响力、达到高校意识形态教育目的，

---

[1] 中共中央文献研究室：《习近平关于社会主义政治建设论述摘编》，中央文献出版社2017年版，第18页。

就必须打破传统思维，开拓创新。高校意识形态教育不仅要在网络生根发芽，而且要茁壮成长，枝繁叶茂，直至硕果累累。为落实意识形态教育的教育效果，高校要做到强化宣传、弘扬正能量、优化传播方式。

（一）强化宣传，增强网络意识形态舆论阵地的辐射力

宣传活动在人类文明发展史中源远流长，具有激励、鼓舞、劝服、引导、批判等多种功能，通过阐述一定的观点和主张，以达到吸引受众和争取受众的目的。在宣传过程中要尊重传播规律，表达思想观点，要使受众乐于接受，从而达到预期效果。"我们要把网络新媒体舆论工作作为宣传思想工作的重中之重来抓，因为它不仅是信息的集散地与思想的交汇处，更是一种舆论空间和传播场所，聚集着各种文化观念和意识形态。"❶高校必须认识到网络宣传的重要性，强化网络宣传，使意识形态教育入耳、入心，增强网络意识舆论阵地的辐射力。要做到这一点，注意从两方面抓起。一方面，线上宣传要与线下宣传相结合。线下宣传主要是采取传统思想导入的方法，思想政治教育者通过线下课堂的方式面对面地向学生宣传意识形态的重要性，使广大学生明白网络意识形态是与自身息息相关的，学生只有认识到了其重要性才会主动去了解网络意识形态教育。线上宣传是在线下宣传的基础上进一步加强巩固，大学生已通过线下宣传了解了什么是网络意识形态，线上宣传可以利用网络互动性强、渗透力强的优点更好地扩散意识形态主流价值观，使大学生在耳濡目染中接受。另一方面，开设网络意识形态教育讲坛。拒绝形式主义，使讲坛如同虚设，必须使网络讲坛如同课堂一般正式。要充分利用网络资源，丰富网络讲坛的内容，增强吸引力，并且健全相关管理制度，在增强网络意识形态舆论阵地辐射力的同时营造一个风清气正的网络空间。

（二）弘扬正能量，打造高校特色网络话语体系

话语体系，是传播思想的载体，是教化人心的工具。当今网络已逐渐成为社会意识形态的主战场，谁能成功打造自己的网络话语体系，谁就能"网"聚人心、引导舆论，化被动为主动。而要想增强高校意识形态教育的吸引力和实效性，打造具有高校特色、构建令人信服的话语体系，就要从两方面抓起。

一方面，要弘扬中国特色社会主义文化，掌握网络空间话语权。中国特色社会主义文化是中华优秀传统文化、红色革命文化和社会主义先进文化的有机统一体。中华优秀传统文化博大精深，包含着"仁义礼智信""崇德向善""贵和尚中"等思想；红色革命文化

---

❶ 陈远东：《新时代高校意识形态工作研究》，《学校党建与思想教育》2019年第17期。

包含着爱国主义、艰苦奋斗、勇于奉献等精神；社会主义先进文化包含着社会主义核心价值观，为人们提供行为准则，同时也是凝心聚力的精神力量。中国特色社会主义文化为打造特色的网络话语体系提供了丰厚内容，掀起网络空间弘扬中国特色社会主义文化的浪潮，要通过创新网络宣传方式，使更多师生自觉了解、学习中国特色社会主义文化的深厚内涵，使社会主义核心价值观内化于心，外化于行。

另一方面，要弘扬榜样力量，营造积极向上的网络话语氛围。好的榜样，是最好的引导，尤其是同辈榜样，以身边人的正能量感染更多的师生，更具说服力，更能使广大师生感同身受，达到更好弘扬高校意识形态教育的效果。注重榜样力量，相互感染，相互传播，营造一个积极向上的网络话语氛围，能够推动广大师生在实际生活中传播正能量、弘扬正能量。总之，用中国特色社会主义文化滋养广大师生，同时注重同辈的榜样力量，"能为广大师生营造一个风清气正、充满正能量、传播主流意识形态的网络空间"❶，更有利于打造出健康向上的高校网络话语体系。

（三）优化传播方式，提升网络意识形态阵地的关注度和知名度

增强高校意识形态教育吸引力和实效性的关键是要提升高校网络意识形态阵地的关注度和知名度。高校要通过优化网络教育方式来吸引大学生走进网络主流意识形态空间，主动去探究、了解、寻求主流意识形态和核心价值观。具体来说，可从三个方面抓起。一要增加高校网络意识形态阵地优质内容的供给。高校网媒工作者要善于遴选优质的意识形态内容并以广大师生喜闻乐见的方式投放进高校网络空间，在坚持"内容为王"正能量引领的同时，还要结合广大师生的现实生活，推送一些既受关注、接地气，又高雅不俗、阳春白雪的意识形态文化内容，吸引广大师生的注意力，增加了点击量，也就增强了网络意识形态阵地的关注度。二要讲好"中国故事"，推进网络空间主流意识形态话语创新。"中国故事"不仅仅是针对外国人讲的，也是对广大中国青年人讲的，我们也需要更多地了解本民族的历史和文化。要想讲好中国故事，需要一支能讲故事、会讲故事的队伍，"让故事中蕴含的主流意识形态内容鲜活生动起来，让受众在心灵深处形成真挚而持久的情感认同"❷，从而让更多年轻人被深深吸引，使网络意识形态阵地知名度大幅提升。三要利用好新媒体技术，增强主流意识形态的传播速度、广度与深度。我们要利用好新媒体技术打造多种多样的意识形态传播方式，例如，推出知名专家讲座视频，深度解读意识形态相关知识，组织专业人员在线答疑互动，满足深层次的需要。同时，制作一些宣传意识形态的

❶ 陈远东：《新时代高校意识形态工作研究》，《学校党建与思想教育》2019 年第 17 期。
❷ 季海君：《网络空间意识形态的治理策略》，《人民论坛》2019 年第 36 期。

小视频，将文字以动画故事的方式生动表现出来，进行一些普及式的宣传。这样就可以把主流意识形态贯穿大学生生活，让他们时刻受到主流意识形态正能量的感染，最后达到日用而不知的效果。

三、培养专业人才队伍，提升高校网络意识形态阵地的建设和管理水平

提高高校意识形态阵地的建设和管理水平、做好网络意识形态教育工作的关键，在于培养一支专业的高素质网络人才队伍。这支队伍自身要有很高的思想觉悟和过硬的理论素养，要有把握正确政治方向和舆论导向的能力、处理复杂问题和突发事件的能力、不断巩固壮大主流意识形态阵地的能力和管理主流意识形态阵地的能力，只有具备这些能力，才能真正实现高校网络意识形态人才队伍的专业化。

（一）保证教育主体自身意识形态的正确性

打铁还需自身硬。高校教师是意识形态教育的主体和主导者，承担着艰巨而伟大的使命。"作为传道授业和解惑者，高校教师首先要明道、信道和守道。"❶习近平总书记在全国高校思想政治工作会议上，对高校思想政治工作提出了"四个坚持不懈"任务。"一是要坚持不懈传播马克思主义理论，二是要坚持不懈培育和弘扬社会主义核心价值观，三是要坚持不懈促进高校和谐稳定，四是要坚持不懈培育优良校风和学风。"❷这启发了高校网络意识形态教育者必须提高自身思想觉悟，提升主流意识形态素养，以此来保证整个高校网络意识形态教师队伍自身主流意识形态的正确性。要做好教育者，必须坚持教育者先受教育的理念。首先，要真学社会主义核心价值体系。高校网络意识形态教育者要静下心来学习马克思主义理论，做到切实掌握马克思主义的科学理论和工作方法，同时积极探索学习马克思主义中国化的最新理论成果，深入领会党的十九大精神，不断学习社会主义核心价值观，深刻领悟中华优秀传统文化的内涵。其次，要真懂社会主义核心价值体系。学习社会主义核心价值体系不能只停留在理论层次，要真正懂得理论背后深刻的历史传承和现实意义。只有真正懂得马克思主义的科学内涵、中国优秀传统文化的伟大智慧、社会主义核心价值观的当代价值，才能更好地运用它。最后，要真用社会主义核心价值体系。

❶ 郝勇：《新时代高校教师意识形态能力建设论析》，《学校党建与思想教育》2019 年第 14 期。
❷ 余双好、于欧：《新历史条件下思想政治工作发展的风向标——学习习近平总书记关于思想政治工作的论述》《学校党建与思想教育》2017 年第 15 期。

"马克思主义看重理论，正是也仅仅是因为它能够指导行动。如果有了正确的理论，只是把它空谈一阵，束之高阁，并不实行，那么，这种理论再好也是没有意义的。"❶学习理论的最终目的是能够将理论应用于实践，所以高校教师要在真学、真懂社会主义核心价值体系的基础上，将社会主义核心价值观外化于行，真正践行核心价值观中的内容，做到以马克思主义科学理论为指导的实践，依靠中华优秀传统文化的智慧提供解决问题的方法，以社会主义核心价值观为社会生活及行为准则，才能保证高校网络意识形态教育队伍自身意识形态的正确性。这样从理论到实践，再从实践到理论，不断提升教育主体自身主流意识形态的认知水平。

（二）培养高校主流意识形态网络意见领袖

"网络意见领袖、网络大V是随着互联网技术的发展与应用而产生的一种社会现象，有着特定的社会根源"❷，与人们的心理、兴趣、审美等有着密切的关系。随着网络科技的发展，网络意见领袖对大学生的世界观、人生观、价值观，甚至对大学生的道德素养和政治态度，都有着重大影响。因此，加强意识形态阵地建设，必须培养高校主流意识形态网络意见领袖。首先，加强高校网络意见领袖的思想建设。要增强高校网络意见领袖的政治觉悟和法律意识，使其"旗帜鲜明地坚持正确的政治方向，把握正确的舆论导向，坚定社会主义理想信念"❸。同时，要保证高校网络意见领袖网络传播内容的与时俱进性和思想的创新性。其次，坚持党对高校网络意见领袖的领导。党的十九大报告指出："保证全党服从中央，坚持党中央权威和集中统一领导，是党的政治建设的首要任务。"❹党政军民学，东西南北中，党是领导一切的，这一切当然也包括党对高校网络意见领袖的领导。所以，要争取更多的网络意见领袖入党，或者培养更多的学生党员成为网络意见领袖，从而积极发挥党员的带头作用，更直接地影响身边的同学。与此同时，还要贯彻党的思想，用党的理论武装大学生网络意见领袖的头脑，贯彻落实党的路线、方针、政策，积极践行社会主义核心价值观。再次，不断完善网络平台建设，促进高校网络平台与时俱进、不断升级。一个良好的网络互动平台，能够促使高校网络意见领袖与大学生之间形成更好的双向交流，这不仅可以促进高校网络意见领袖自身的成长，而且可以推动主流意识形态在大学生之间的广泛传播。最后，健全高校网络意见领袖长效保障机制。高校应建立严格的网

---

❶ 中共中央文献编辑委员会：《毛泽东选集》第 1 卷，人民出版社 1991 年版，第 292 页。

❷ 李凯、刘贵占：《新时代高校网络文化育人的探索与实践》，《思想理论教育导刊》2019 年第 11 期。

❸ 张倩、刘明君：《大学生网络意见领袖培养路径研究》，《传媒论坛》2019 年第 22 期。

❹ 习近平：《决胜全面建成小康社会 夺取新时代中国特色社会主义伟大胜利——在中国共产党第十九次全国代表大会上的报告》，人民出版社 2017 年版，第 62 页。

络意见领袖审核、监督和考核制度，以此来保证高校网络意见领袖思想的正确性。同时，建立高校网络意见领袖日常培训制度，通过学习，促进网络意见领袖不断进步，增强网络意见领袖的专业性和网络空间引领力。

（三）打造一支高素质的高校网络治理工作队伍

提高高校意识形态阵地建设和管理水平的重中之重在于打造一支正能量、全方位、专业性强的高素质高校网络治理工作队伍。"培养一批坚持正确导向、熟悉网络语言、了解网络传播技术和传播技巧的网络意见领袖，能够将大学生舆论引向正确的方向"[1]，从而营造风清气正的高校网络空间的治理人才队伍。首先，坚持党对高校网络治理工作专业队伍的领导。在高校网络治理工作中，要始终坚持党的政治路线、思想路线、组织路线和群众路线，充分发挥党委的领导作用，使网络治理具有正确的政治导向。其次，加强高校网络治理人才队伍自身的网络语言和网络技术的培养。要治理好网络空间必须熟悉网络语言和网络技术。高校网络治理工作者只有熟悉网络语言，才不会与熟知网络语言的大学生脱节。网络技术是治理高校网络空间的重要保障，如果不熟悉网络技术，就无法利用网络平台更好地传播主流意识形态，无法以技术手段对抗网络不良言论。最后，增强高校网络治理人才队伍的理论功底和处理问题的能力。高校网络治理人才队伍只有具备深厚的理论功底才能更好地宣传党的理论、方针、政策，也才能用科学的理论对抗网络不良思潮。网络空间纷繁复杂，高校网络治理工作人才队伍需要"着力提升学习力、思考力、分析力、判断力和行动力，不断掌握新知识，熟悉新领域，开拓新视野"[2]，不断增强处理问题、应对新情况的能力。

四、建立网络运行机制，为高校意识形态教育提供支持与保障

"机制是现代科学研究中的一个重要概念。当代大学生意识形态教育机制指的是，在大学生意识形态教育的整个系统中，各系统要素在一定机制的基础上所形成的比较稳定的能够相互作用的关系，以及内在的运行过程和方式。"[3]因此，必须建立网络运行机制来保障高校意识形态教育的有序、有效进行，形成包括治理、防御、铸牢藩篱及补救措施在内的一整套运行措施，形成系统化网络机制运行模式，为高校意识形态教育提供良好的支持与保障。

---

❶ 张倩、刘明君：《大学生网络意见领袖培养路径研究》，《传媒论坛》2019 年第 22 期。
❷ 郝勇：《新时代高校教师意识形态能力建设论析》，《学校党建与思想教育》2019 年第 14 期。
❸ 曹伶俐：《当代大学生意识形态教育理论与实践》，中国水利水电出版社 2016 年版，第 207 页。

（一）强化治理，建立网络时代高校意识形态安全防御机制

要强化网络空间治理，对于高校网络空间意识形态的不法行为，必须运用法律武器来对抗，根据网络空间的特点，制定相关法律，并灵活运用，提高网络空间高校意识形态安全防御力。首先，从实际出发，制定有关网络意识形态的法律。随着时代与技术的发展，网络已逐渐成为一个较为完整的社会有机体。在这个纷繁复杂的社会有机体里，要保证网络意识形态安全，必须从实际出发，对具体事物进行专项具体立法，做到"一事一立"，并且要针对出现的新问题，不断创新、延伸立法，增强防御力。其次，规范广大师生的网络行为。广大师生在网络平台发表言论必须进行实名认证，并且要设立区域管理小组，责任到人，做到"谁管理谁负责"，细化治理，深入网络空间的细枝末节。最后，加强高校内部管理，营造清朗的网络生态空间。必须严把高校网络空间意识内容供给关卡，加强高校内部工作管理，防止不法分子浑水摸鱼，传播负面意识形态内容，并且工作人员要及时清理高校网络空间非主流意识形态内容，为正能量意识形态的生长传播营造良好环境。

（二）防患于未然，建构高校网络意识形态安全风险预警机制

"网络的开放性和传播的迅捷性决定了高校党委要防患于未然，树立危机意识和忧患意识，针对可能发生的重大网络舆情和网络思想政治教育话题制定预案和动态监控方案。" ❶一方面，加强危机教育，增强广大师生的预警意识。引领广大师生以辩证思维方法看问题，增强辩证思维能力。习近平总书记指出："要学习掌握唯物辩证法的根本方法，不断增强辩证思维能力，提高驾驭复杂局面、处理复杂问题的本领。" ❷客观存在的事物和问题是多种多样的，要学会运用对立统一规律，透过纷繁复杂的现象看本质，认清事物的两面性。网络技术的运用给广大师生带来极大便利的同时，也隐藏着许多风险。例如，在算法推介大行其道的网络空间中，信息容易超载，形成"信息茧房"，进而遮蔽主流意识形态内容。要抵制这些风险，防患于未然，就必须加强网络空间的危机管理教育，邀请专家对广大师生进行危机专题教育，引导广大师生在网络空间活动时提高预警意识。除此之外，还可以开展主题活动，扩大宣传，增强广大师生的重视程度，从而提高广大师生的预警意识。

另一方面，制定合理科学的应急预案，及时化解危机，将危机变转机。合理科学的应急预案可以防止突发事件演变为危机事件，最大程度控制事态向恶性方向发展，还可以使工作人员通过对危机的及时了解，利用其可以改进的一面，做出正面教育和引导。制定应

---

❶ 王飞：《论高校网络思想政治教育工作体系的建立》，《教育理论与实践》2020年第3期。
❷ 求是杂志社：《治国理政新理念新思想新战略》，学习出版社2018年版，第65页。

急预案时，要将所涉及的各个方面的细节问题写入方案里，提供具体可操作的路径，而不是简单的口号式叙述。突发事件具有偶然性和不可逆性，因此，应急预案要根据不断变化的情况进行创新，不能有一劳永逸的侥幸心理，不能一味地依靠往昔的应急预案一管到底。除此之外，建构高校意识形态安全风险网络预警机制还要遵守及时性原则，因为突发性事件具有"影响性"的特点，在面对紧急突发事件时要在第一时间内做出反应，这样才能体现出预警机制的高效性，真正起到防患于未然的预警作用。

（三）铸牢藩篱，完善高校网络意识形态工作管理机制

如果没有科学高效的网络意识形态工作管理机制的保障，就无所谓网络空间的安全有序，高校意识形态教育也将无从谈起。因此，铸牢藩篱，加强高校意识形态工作管理机制的保障尤为重要。

首先，要树立科学的管控观念。有科学方法论的指导，才能更好地保证高校网络意识形态工作管理机制的有效落实。高校要打破只重视科研、轻视网络意识形态建设的传统思想。高校大学生与网络有着密切的联系，要加强高校意识形态教育，就必须要牢牢把握网络意识形态阵地，树立全局管控观念，从队伍建设到如何使网络意识形态阵地健康有序发展及落实党管意识形态等多方面进行思考。用科学的管控观念为网络意识形态工作管理提供动力。

其次，创新管理手段，以监管促引导。在进行内容管理的基础上，利用好新兴网络技术，加强网络监管技术研究，建立专业的监控系统。专业有效的监控系统能够及时监测并清除网络意识形态领域中的反动思想、虚假信息和恶意谣言；"同时，专业的监控系统要求大学生做到'前台匿名后台实名'，不得发布任何诋毁国家和党的言论、不得恶意散布虚假信息等，带有一定强制性的监控手段保证了党对高校意识形态工作领导的绝对性和不容置疑性。"❶

最后，增强管理主体合力。高校各级党委、宣传部门、网络管理部门等要集中整合力量，增强相互配合的默契度，同时高校各级党委要发挥带头作用，联合各部门形成巨大合力，集个人之所长，聚众人之力量，优化高校网络空间，做好网络意识形态管理工作。网络不是法外之地，真正的自由是有纪律的自由。只有加强网络管理，才能真正实现网络自由，更好地进行网络意识形态教育。

（四）亡羊补牢，健全高校网络空间的危机处理机制

亡羊补牢，为时未晚。健全危机处理机制能够消除或降低危机所带来的威胁和损失。

---

❶ 林美婷：《加强新时代高校意识形态工作领导权研究》，闽南师范大学 2019 年硕士学位论文。

网络空间纷繁复杂，有着众多的不确定性因素，只有健全高校网络空间的危机处理机制，才能在危机发生时，消除或降低危机对高校意识形态阵地的冲击和破坏。首先，成立系统的危机应对小组。发挥高校宣传部、保卫处、学生处等各部门的网络空间平台优势，组成系统的危机应对小组，定期组织培训，保证联系渠道畅通，全面、灵活地应对危机，将危机的负面影响降到最低。而且这些部门相互配合处理危机的同时，也要不断向广大师生进行宣传教育，净化网络空间环境，避免留下隐患。其次，培养网络空间危机处理方面的专业人才。网络空间危机处理人才不仅要技术过硬，而且需要有一定的马克思主义理论素养，还要注重培养其创新能力，促使专业人才全方位、多层次的发展。这样，在网络空间危机发生时，既可以利用专业技术率先控制局面，例如，还原被破坏的原始数据，修补网络系统漏洞等，弥补之前在网络技术领域的局限；又可以运用马克思主义理论专业素养引领正确方向，传播正能量。最后，应对危机要坚持以学生为本的原则。在处理危机时，既要立足于师生的实际状况，坚持以学生为本，将学生的根本利益放在第一位，注重学生个性发展的特点，又要懂得依靠广大师生的力量，促进危机更快更好的解决。总之，必须建立符合新时期发展的危机处理机制，形成系统的危机处理小组，培养专业的网络技术人才，最重要的是要以学生为本处理危机，这样才能建设高效迅捷、长效持久的网络空间危机处理机制。

第二节　数据支撑，实现新时期
高校精准化思想政治教育

大数据是当代高科技的产物。对于大数据的发展，各国都非常重视。习近平总书记指出："大数据是信息化发展的新阶段。随着信息技术和人类生产生活交汇融合，互联网快速普及，全球数据呈现爆发增长、海量集聚的特点，对经济发展、社会治理、国家管理、人民生活都产生了重大影响。"大数据不仅仅是一种技术，还是一种价值观与方法论，它彻底改变了我们的学习、工作与思维，并影响到社会生活的各个领域，同时也成为驱动思想政治教育现代化的重要动力。高校应该立足于大数据，树立大数据意识，培养高素质的大数据人才队伍，利用数据优选教育资源，实现思想政治教育内容精准投放，搭建或利用现有平台整合数据，实现对学生的个性化描述，建立保障大学生思想政治教育安全的大数据规章制度，加强大数据背景下大学生思想政治教育机制创新，最终实现新时期高校精准化的思想政治教育。

一、强化大数据意识，形成全域育人理念

随着物联网、云计算、大数据、移动互联网等新技术的发展和应用，思想政治教育也需要不断变革，紧跟时代步伐。首先，要强化大数据意识。意识具有主观能动性，能够指导实践改造客观物质世界。实际上，大数据在各个学科领域的广泛运用也为人们提供了一种看待世界的全新方法。因此，高校思想政治工作者只有真正树立大数据意识，才能将大数据应用于思想政治教育之中，实现思想政治教育精准化。其次，要树立全领域、全方位、无死角的全域育人理念，促使线上线下教育无缝衔接，用科学的意识、理念指导实践，才能更好地创造实际价值。

（一）增强数据敏感度，转变思想政治工作者的传统观念

对高校思想政治教育传播者来说，大数据时代是其不可回避的新环境，具有"4V"特征，即大量化（Volume）、多样化（Variety）、快速化（Velocity）和大价值（Value），这将使思想政治教育与教学发生根本的改变。在大数据时代，教育将"不再是一个靠理念和经验传承的社会科学和道德良心的学科，大数据时代的教育，将变成一门实实在在的实证科学"❶。要适应时代的发展，促进高校思想政治教育的发展，就必须突破传统的教育观念，增强教育者对数据的敏感度，而不是仅依靠传统经验进行思想政治教育。大数据时代的来临必将改变这种思维方式，使那些经验、常识不再是陈旧的、静止的，而是可以经过处理改变形态，作为数据信息在网络空间与现实世界的互动中发挥强大作用的新力量。高校思想政治教育者在思想政治教育中积累了大量的实践经验，但是有部分教育者因其年龄、教学习惯，对于新生事物的接受有些滞缓，甚至有排斥心理。所以，面对大数据这个新生事物与思想政治教育的融合趋势，一些教育工作者显得有些手足无措。因此，要实现大数据与思想政治教育的融合，首先要转变这部分思想政治教育工作者的传统观念，将他们所具有的丰厚且宝贵的教学经验与大数据技术融合，增强他们的数据敏感度，强化他们的大数据意识，使其主动了解大数据的实操性，运用大数据去处理思想政治教育中存在的

❶ 魏忠：《教育正悄悄发生一场革命》，华东师范大学出版社2014年版，第3页。

问题，并且认识到数据并不是一串冰冷的数字，而是可以创造出巨大价值的法宝，发挥大数据的最大功用。

（二）避免唯数据主义，重视大数据的实用价值

运用大数据助力思想政治教育，不能落入"唯数据主义"的陷阱，不能为了数据而收集数据，如果我们过度依赖数据，就会陷入数据独裁的"牢笼"，从而也削弱了人文主义在教育中的作用，使教育效果适得其反。因此，要避免"唯数据主义"，重视大数据的实用价值，从而实现更精准的思想政治教育。一方面，高校思想政治教育者要理性对待大数据。思想政治教育的对象是有意识、有情感、有创造性的人，如果毫无节制地运用数据去量化和分析思想政治教育对象，既不科学又有悖于伦理，并且由于科学条件和人为因素的局限，人们在思想政治教育中运用和分析大数据的能力也会大打折扣。因此，如果不能理性看待大数据，固守"唯数据主义"，认为数据就是一切，盲目崇拜数据，不仅不会运用数据助力思想政治教育，反而会阻碍思想政治教育的发展。另一方面，充分发掘大数据在思想政治教育中的实用价值。为更好地开展高校思想政治教育，可从两方面运用大数据。首先，通过收集大数据掌握学生的基本信息动态。例如，可以通过学生宿舍门禁、食堂、图书馆、课堂考勤等客观数据来掌握学生的生活动态，同时也可以通过学生在网络空间中的行为轨迹，了解学生的思想、心理动态等，为开展思想政治教育积累素材。其次，需要对收集好的大数据进行筛选分析，充分挖掘大数据的实用价值，从中选取有价值的信息运用到思想政治教育中。但在此过程中，必须要注意保护好学生的隐私，使大数据的使用能够合理、合法、有序，从而将大数据与思想政治教育完美融合，既避免"唯数据主义"，又能促使数据在思想政治教育中发挥最大价值，为思想政治教育提供动力源泉。

（三）更新教育理念，促使线上线下教育无缝衔接

思想是行动的先导，滞后的教育理念制约着思想政治教育工作者在学生观、教师观、课程观、教材观、课堂观等方面的及时更新。在大数据日益发展的时代，思想政治教育与大数据是不可分割的，教育者应该与时俱进，转变单一的教育理念并不断更新，树立全域育人理念，促使线上线下教育无缝衔接。一是树立现代化的教学理念。未来的教育是基于网络环境的更开放的教育，大数据将会成为开展思想政治教育的有力武器。因此，思想政治教育工作者应该充分认识到大数据的重要性，转变传统教育理念，以学生为本，利用大数据掌握学生动态，分析学生需求，之后再根据这些分析，因材施教，从而避免浪费教育资源，打造精准化的思想政治教育。二是以大数据为载体，拓展思想政治教育途径。思想

政治教育工作者应充分利用大数据的优势，推进思想政治教育信息化，加强线上教育与线下教育的融合，以线上教育的先进性带动线下教育，以线下教育的人文性充实线上教育，达到全域育人的目的。在大数据时代，思想政治教育工作者通过详细的数据进行学情分析、督学与评价等，可以进行更便捷有效的线下教育。而线下教育在大数据技术的精准助力之下也可防止"唯数据主义"，增加思想政治教育教书育人的温度。总之，思想政治教育工作者要树立系统的全域育人理念，在运用大数据加速教育理念变革的同时，也要注意到只强调大数据意识是不够的，因为人是感性的动物，在数据描述、数据分析的同时要注意数据的人文温度。只有利用大数据把线上教育与线下教育无缝衔接，才能为实现更好的思想政治教育奠定基础。

二、培养大数据人才队伍，为高校精准化思想政治教育提供可能

大数据时代的到来促使思想政治教育向现代化转变，传统的思想政治教育模式已经不再适应时代需要，这就意味着思想政治教育工作者要从传统的教育模式中转型，成为具备大数据素养的思想政治教育工作者，同时还要培养一支掌握大数据的人才队伍，实现高校精准化的思想政治教育。

（一）树立教育数据思维，增强思想政治教育队伍的时代性

要顺应大数据时代的发展，提高思想政治教育的实效性，就必须培养一支优秀的大数据人才队伍，这支队伍首先要从转变传统的教育思维模式，树立教育数据思维，这是培养大数据人才的第一步，也是实现高校精准化思想政治教育的开端。"大数据思维为思想政治教育工作者提供了一种崭新的审视人们思想和行为的视角，树立这种思维能够全面地把握人们的思想动态，系统、深刻了解思想政治教育的规律。"[1]思想是行动的第一步，要使思想政治教育工作者能够运用大数据助力思想政治教育，就必须使其树立教育数据思维。"教育数据思维是指教师以教育数据为基础，运用数据科学、统计学相关知识对数据进行分析、比较、应用，创造性地形成解决教育问题的思路与方法，以实现教育模式的创新与变革的思维活动。"[2]教育数据思维具有关联性思考、基于数据的决策、数据结果的辩证审视及数据价值创造四大特征。思想政治教育者在教学过程中要主动去了解和收集教育数据，将大数据富有洞察力、决策力、驱动力的数据优势融入思想政治教育优势中，同

❶ 罗红杰、平章起：《大数据驱动：思想政治教育现代化的重要引擎》，《重庆大学学报(社会科学版)》2019 年版第 9 期。
❷ 李新、杨现民：《教育数据思维的内涵、构成与培养路径》，《现代远程教育研究》2019 年版第 6 期。

时不断深入，建立大数据思维下的整体思维、关联思维、统计思维、分析比较思维，贯通整体与部分、一般与个别，促进思想政治教育内容、教育方式、教育环境等方面的科学变革和发展，从而推进高校思想政治教育向精准化和个性化发展。

（二）加强大数据理论学习，增强思想政治教育队伍的数据应用能力

大数据时代的到来，使传统的思想政治教育方法显示出一定的落后性，这就要求思想政治教育工作者要与时俱进，不断深入对大数据的学习，夯实理论基础，提升数据分析与应用能力。思想政治教育工作队伍在坚持党的教育方针政策的同时，要采用科学的方法应用大数据理论知识，开展与时俱进的高校思想政治教育。一方面，要深入学习大数据相关理论知识，构建系统科学的大数据相关理论知识结构，这是思想政治教育工作者运用大数据开展工作的基础。例如，积极参加校内外大数据专业课程培训，参加专家报告会和学术论坛，阅读相关书籍等，通过这样的方式提升自己的大数据理论水平。与此同时，还要重视对思想政治教育相关学科的深入学习，包括教育学、心理学、历史学、哲学和美学等，这样就可以将大数据理论知识与相关学科理论知识相结合，构建起系统科学的思想政治教育知识结构。另一方面，要在实践中提高思想政治教育工作者的大数据科学研究能力，并通过总结、思考、提炼和升华进一步完善其相关理论。具体而言，其数据研究能力主要表现为四个方面。一是数据的收集能力。收集数据是进行精准化思想政治教育的关键一步，因此要提高研究者收集数据、整理数据和研判数据的能力。二是抽象思维能力。大数据虽然具有准确预测人们行为的能力，但它无法从这些行为中推导出人们的思想，这就需要教育者抛开长期以来的具象、形象思维，注重抽象思维的培养，分析问题，透过现象看本质，找到问题的本质，才能更好解决问题。三是调查研究能力。通过有计划、有步骤地研究思想政治教育对象，搜集整理资料，深入实际，获得一手资料，摸清事实真相，为思想政治教育的科学开展奠定基础。四是文字撰写能力。思想政治教育工作者在大数据思想政治教育的研究中，要加强文字撰写功底，这样才能将实际经验准确地转化为文字表述，供更多的学习者参考。

（三）提升数据素养，培育一支个性化的思想政治教育队伍

随着大数据技术的快速发展和广泛应用，高校迫切需要一支能够掌握并熟练应用大数据技术的思想政治教育的专业人才队伍。面对庞大而复杂的数据系统，单靠思想政治教育工作者无法透彻分析，使其发挥最大价值，这就需要大数据专业的技术人才与思想政治教育工作者相互合作，打造一支有个性的思想政治教育队伍。其一，培养思想政治教育队伍的大数据应用能力。高校思想政治教育队伍应主动适应时代的发展，系统学习并掌握先进

的大数据处理技术，提升自身的数据素养。同时，加强对思想政治教育工作团队的培训，使其"熟练运用大数据相关技术，如信息检索、信息筛滤、信息抓取等技术"❶，以便更好地掌握高校思想政治教育的内在规律。其二，吸纳跨学科复合型人才进入高校思想政治教育队伍。要使大数据能够为精准化思想政治教育提供技术支持，促使大数据与思想政治教育更好地融合，就要注意吸纳跨学科的复合型人才，将具备大数据技术的专业人才吸纳到思想政治教育队伍中来，这样不仅能体现出思想政治教育队伍的专业化，也实现了思想政治教育主体的多元化。此外，高校辅导员在思想政治教育中扮演着重要的角色，与学生的密切接触使他们能及时了解到大学生的动态，如果他们能掌握一定的大数据技能与思想政治教育专业知识，并运用数据分析技术科学地分析学生动态，就可以及时向思想政治教育工作者反馈学生相关信息，以便于更精准地开展思想政治教育。

三、利用大数据优选教育资源，实现思想政治教育内容的精准投放

大数据被誉为"未来的新石油"，其对于现代科技、教育等事业的发展起着重要的作用。高校思想政治教育可借大数据的东风，通过大数据精准预测学生行为动态，优选教育资源，精准投放思想政治教育内容，从而因材施教，实现富有个性化的教育，将大数据实际运用到思想政治教育过程中，促进思想政治教育的创新发展。

（一）通过定量研究与数据分析，优选高校思想政治教育内容

大数据具有海量的数据规模、快速的数据流转、多样的数据类型和价值密度低四大特征，但是大数据的战略意义不在于掌握庞大的数据信息，而在于对这些富有意义的数据进行专业化处理。因此，要想利用大数据技术促进思想政治教育的精准化，重点在于全面收集数据，并且对这些数据加以科学分析、整理，筛选可用数据，为精确投放思想政治教育内容打好基础。所以，要想充分发挥大数据在思想政治教育中的作用，就要从两方面着手。一方面，要侧重定量研究。定量研究是指确定事物某方面量的规定性的科学研究，就是将问题与现象用数据表示，进而去分析、考验、解释，从而获得有意义的结论的研究方法和过程。定量研究通过对事物量的规定性的分析来把握事物质的规定性，它的特点是具有逻辑的严密性和可靠性，推导出来的结论也是相对精确的。通过定量研究，能够确保数

---

❶ 李楠、张凯：《大数据时代高校思想政治教育的创新》，《马克思主义理论学科研究》2019 年版第 4 期。

据收集的全面性，再从这些完整的数据体系里进行分析、筛选，做出准确判断，这样就能对大学生思想行为有一个系统认知，从而更好地遴选和创作出符合学生思想政治教育的优质内容，进行精准投放。另一方面，要重视数据的整体性分析。数据的整体性分析就是要分析数据与数据之间的关系、学生的行为思想与数据之间的关系，不能将个体产生的不同方面数据单独分析，因为这些数据是相互关联的，必须用整体性的思维去分析。例如，根据大数据分析显示，某学生去图书馆的次数减少，不能就此判断该学生产生了厌学情绪，还要分析其他相关数据，或许其是由于课程增加，才减少了去图书馆的次数。因此，强化数据分析的精准性，就要全面收集数据，并且重视数据的整体性分析，实现受教育者的"整体画像"，从而实现思想政治教育内容的精准化投放。

（二）提升思想政治教育工作者的专业素质，实现教育内容的个性化定制

"个性化思想政治教育是一种基于学生思想行为数据分析，精准把握学生需求和问题，实施差异化教育，促进学生个性全面自由发展的教育模式。"[1]要利用数据精准把握学生的需求和问题，将优质教育资源精准投放，以实现个性化的思想政治教育，关键是要提升思想政治教育工作者的教育素质。首先，教育者要树立正确的"三观"，具备坚实的思想政治教育知识基础。思想政治教育工作者是利用大数据实施教育的主体，承担着筛选优质教育资源并进行精准投放的重任。因此，思想政治教育工作者的世界观、价值观、人生观显得尤为重要，这关系到筛选教育资源的正确性。同时，思想政治教育工作者只有具备丰富的思想政治教育知识，才能从数据分析中得到正确的结论，并且在思想上、专业上和心理上给予学生疏通引导。其次，利用大数据实现"因材施教"。思想政治教育者通过数据采集、数据挖掘、数据分析、数据预测等，对受教育者的各个方面进行系统性认识，以此来构建受教育者学习行为相关模型，分析受教育者已有的学习行为，并对受教育者未来的学习或思想行为进行科学预测。根据数据分析，实事求是，为受教育者制定个性化的教育内容，避免"眉毛胡子一把抓"，影响思想政治教育的效果，从而促进受教育者自由而全面的发展。此外，在大数据的支撑下，未来的思想政治教育也会由以老师为中心的简单的灌输方式逐渐转变为以学生为中心的能力提升式的个性化教学模式，这也对思想政治教育者提出了更多的要求，使他们在具备专业知识的同时，也要掌握大数据技术，向复合型人才发展。

---

❶ 李怀杰、申小蓉：《大数据时代个性化思想政治教育论析》，《思想理论教育》2019 年版第 3 期。

（三）建立思想政治教育数据链，进行高校思想政治教育内容精准投放

大数据技术在思想政治教育中的实际应用是一个数据集成、分析和应用的过程，也是落实"因材施教"的个性化教育理念和"精准化"教育管理服务的全面育人工程。落实这个大工程，需要各种要素相互配合和有机结合，从而形成系统的思想政治教育链——"教育大数据平台—学生画像—问题呈现和差异化分类—个性化学习资源系统开发—个性化引导策略—教学质量评价和反馈系统"❶。通过系统的思想政治教育链，能够更准确、更深入、更立体地把握学生的学习状态，将适合学生的优质教育资源根据大数据的判断有针对性地投放到思想政治教育中。高校利用大数据把握受教育者的行为特征和学习成长轨迹，从而增强教育的针对性，将大数据的价值真正落实到思想政治教育的实践中。教育者要根据大数据的分析，精准把握受教育者的个体特征，分析问题所在，从而进行具体干预。教育者需要主动引导受教育者进行双向沟通，做到对症下药，用中国特色社会主义文化感染、熏陶受教育者，利用影视传媒等生动性的题材吸引受教育者，使之树立正确的"三观"。除此之外，教育者还可以通过"翻转课堂"、慕课（MOOC）等形式，让学生充分参与进来，进行线上学习和讨论，最终实现以教师为主导、以学生为主体的内容丰富、形式多样的思想政治教育。

四、搭建或利用现有平台整合数据，实现对学生的个性化描述

2015年国务院印发的《促进大数据发展行动纲要》特别提到了在教育方面的举措，"完善教育管理公共服务平台，推动教育基础数据的伴随式收集和全国互通共享……探索发挥大数据对变革教育方式、促进教育公平、提升教育质量的支撑作用"。

（一）突破技术瓶颈，打造高校思想政治教育数据生态

对于传统数据库与大数据的差别，首都师范大学的方海光博士曾有这样一个形象的比喻，"池塘捕鱼"与"大海捕鱼"。大数据的规模庞大到用常用软件工具无法捕获的地步，这就给我们的采集与分析带来了困难，而打造一个一体化的校园大数据平台将有利于问题的解决。要实现这个目标，就要有强有力的数据技术支持。如果没有技术上的支持，搭建和利用现有平台整合数据从而达到更精准、更高效的思想政治教育将成为空谈。因此，要不断强化相关人员的大数据素养，突破技术瓶颈。一是突出大数据技术供给。在搭

---

❶ 李怀杰、申小蓉：《大数据时代个性化思想政治教育论析》，《思想理论教育》2019年版第3期。

建或利用现有平台整合数据的过程中，大数据技术供给尤为重要，因为在学生学习和日常生活中会产生海量的数据，需要对这些数据进行收集、筛选、分析、整合、评估等，然后建立个体独一无二的模型，为高校思想政治教育的有序、精准开展奠定基础，这些都需要大数据技术的供给。二是突出学生主体地位。高校大数据技术的应用对象主要是学生，要实现对学生个性化的描述，就要突出学生的主体地位，"基于学生学习、日常管理等大数据进行挖掘分析，从学生的个性需求、理想信念、学习过程、思想困惑、就业需求、心理问题等维度为学生画像"❶，形成数据档案库，以便对大学生进行个性化教育。三是建设健康向上的大数据平台环境。马克思说过："人创造环境，同样，环境也创造人。"❷一个健康向上的平台会对大学生产生潜移默化的影响，所以在高校思想政治教育中，要加强大数据平台管理，充分发挥平台的作用，用高端技术过滤不良信息，投放优质思想政治教育及优秀文化内容，在网上平台加强与学生的交流互动，通过数据分析及时掌握学生动态，实现更为精准的个性化思想政治教育。

（二）实现平台智能化管理，提升高校思想政治教育的高效性和精准性

传统的思想政治教育工作管理平台有一定的滞后性，其组织结构、运行模式、前沿技术和运行方案已经不能适应大数据时代的要求，要实现对学生的个性化描述，就必须推进高校思想政治教育工作平台的智能化管理。一方面，加大技术投入是关键。如果没有过硬的技术，思想政治教育工作管理平台，如云储存技术、数据预处理技术、数据挖掘技术、智能分析技术、机器学习、决策、调度等技术就不能有序、智能化地运行。这些技术是实现平台智能化管理的基础，也是使高校思想政治教育高效化、精准化的前提。另一方面，高校要不断完善自己的局域网，通俗地说，就是要加大网络覆盖面积、提高网速，使网络运行畅通无阻，这样才能保证平台智能管理功能的顺利实现。除此之外，还要不断完善和升级传播平台，加强高校思想政治教育传播平台的传播力和影响力。智能化管理平台能更加科学有序地整理和处理数据，从而更准确地描述学生动态，提升高校思想政治教育的实效性和精准性。

（三）实现数据共享，合力共建思想政治教育新平台

共享才能实现共赢，没有量的积累就不会有质的飞跃。如果数据过于单一，将会影响对学生的个性化描述，从而减弱大数据对思想政治教育的价值。数据库的扩大源于知识和

---

❶ 李怀杰、申小蓉：《大数据时代个性化思想政治教育论析》，《思想理论教育》2019 年版第 3 页。
❷ 《马克思恩格斯选集》第 1 卷，人民出版社 2012 年版，第 172-173 页。

资源的不断注入，这就要求实现数据共享，构建政府、社会、学校三者合力的数据共享平台，向学生数据库源源不断地注入新力量，进而实现高校思想政治教育的可持续发展。首先，从高校自身出发建立数据共享平台。建立共享平台的最终目的是为了使高校能更好地进行思想政治教育，高校利用数据共享平台能够从多方面吸纳整合有价值的数据，打破原有数据库的单一性，避免故步自封，使数据库更加科学化。其次，将数据立体化。将数据转化为图片、视频，以清晰、生动的方式将学生的现状和问题展现出来，能使冷冰冰的数字变得有温度，使一个个鲜活的学生个体呈现在教育者面前。最后，利用数据共享平台对大学生进行个性化描述。共享平台是一个庞大的数据系统，包含着学生学习生活和社会生活的相关数据，在这个平台上能够最大限度地掌握每个学生的状况与动态，甚至可以预测学生的行为，从而实现对学生个性化的描述，并据此为学生制订个性化的教育方案。此外，政府、社会和学校之间实现数据共享，搭建全方位的新平台，能够促进数据的流动，充分利用大数据处理速度快和时效性高的优势，进而快速掌握学生动态，以便及时制订教育方案，对学生的不良倾向实现预警，以达到防患于未然、实现更好的思想政治教育的效果。

五、建立大数据规章制度，为高校思想政治教育提供安全保障

大数据技术是把"双刃剑"，它在给高校思想政治教育带来机遇的同时也带来了更多的挑战。大数据技术已经广泛应用于教育与生活之中，但是相关的制度法规却没有跟上大数据发展的步伐。虽然大数据有助于高校思想政治教育的发展，但前提是必须确保大数据的安全性，否则会给思想政治教育带来负面影响。因此，需要从物质层面、道德方面和制度方面共同保障大数据的安全性，为高校思想政治教育创造一个安全的环境。

（一）在物质层面建立大数据技术安全保障制度

"物质层面是指大数据技术在软、硬件技术及平台的物质安全保障，这是安全保障的基础。"[1]高校大数据的来源十分广泛，将师生学习生活产生的海量数据融汇在一起，进行技术处理并保证安全，无疑是对大数据技术的巨大考验。首先，要守好网络门户。可以利用技术从源头阻隔不法侵入，如进行网络隔离，即在数据存储系统上部署防火墙。防火墙技术是通过对网络隔离和限制访问等方法来控制网络的访问权限，只允许授权的数据通过，从而保护内部网络和数据免受外部非法用户入侵。也可以通过分析网络流量是否异常来判断进入网络内部的用户是否安全等，做到一夫当关、万夫莫开。其次，要防止后院起

---

[1] 谢继华：《大数据视阈下高校网络思想政治教育创新研究》，电子科技大学 2018 年博士学位论文。

火。再严密的防护，总免不了有漏网之鱼，并且也不能保证合法用户的绝对安全。在这一环节应做好防御措施，如运用入侵检测技术，通过对互联网络和主机系统中的关键信息进行实时采集和分析，判定是否出现非法用户入侵和合法用户滥用资源的行为，从而做出及时、适当的反应。入侵检测是一种主动的安全防御措施，能有效弥补防火墙无法防范内部攻击的缺陷，并且能与防火墙或其他网络安全产品联动，实现对网络和数据全方位的保护。最后，要规范高校思想政治教育大数据平台的运行。高校思想政治教育大数据平台是高校进行思想政治教育教学管理的一个重要场所，它的安全至关重要。各高校设置的账号密码看似是一道防护墙，但也为不法分子提供了机会，因此要利用技术手段对账号进行最小权限授权，不能授予额外的权限，并且要尽量避免特权账号的临时应用。此外，要按期进行"漏洞评估"，定期漏洞评估可以及时发现问题、解决问题，确保高校思想政治教育大数据平台的安全。

（二）在道德层面健全大数据伦理道德保障制度

任何一个新兴事物都有其两面性。就大数据而言，一方面，对于思想政治教育大数据的深入研究可以为我们描绘出一个精确的"学生画像"，为思想政治教育的精准化与个性化提供无限可能；另一方面，大数据技术也带来了一系列伦理问题，如隐私泄露问题、信息安全问题和数据鸿沟问题。要解决这些问题，就要建构起大数据时代高校网络信息伦理道德框架。首先，应确立相应的伦理实践原则。一是坚持无害性原则，即大数据技术的使用应坚持以人为本的发展理念，为社会和谐发展和人们生活品质的提高而服务。二是坚持权益与义务相统一的原则，即谁收集谁负责、谁使用谁负责。三是坚持尊重自主原则，即应充分赋予数据生产者数据的存储、删除、使用、知情等权利。其次，应坚守伦理道德底线。大数据时代改变了传统的数据采集方式，广大师生在学习生活中的痕迹会被智能设备自动采集和保留下来，因此在采集和使用这些数据时不能越过伦理道德底线，要合乎法律、合乎伦理。再次，应加强技术创新和技术控制。解铃还须系铃人，要解决大数据技术带来的伦理问题还得依靠大数据技术的不断发展，从技术层面坚守住伦理道德的底线，使不法分子没有犯罪机会。最后，应培育开放共享理念，实现"共赢局面"。进入大数据时代，人们的隐私观念也有所变化，很多人乐于"晒"自己每日的生活动态，将自己的数据信息公布于众，这种变化从侧面表明了人们逐渐认同大数据开放共享的价值观念，这就需要审视教育主体与教育客体之间的价值共同点，找到共通之处，使人们的价值理念更契合大数据技术发展的环境。在道德伦理框架的约束下，实现以大数据促进思想政治教育创新的共赢局面。

（三）在制度层面构建与完善学生个人隐私保护制度

在大数据时代，人们借助大数据能快速捕获新知识，创造新价值，推动经济与社会的大变革，但是海量的数据信息及高速的信息运作处理模式使个人隐私也更容易暴露。"由于数据可以被无限次运用，后面第N次运用数据的目的可能当初采集时并未预料、也未征得同意，或者无法再次征得同意"❶，这也使数据的运用存在很大的风险。因此，要构建和完善大数据相关法律法规，并不断探索自律机制，使理性与感性相结合，既注重法律层面的保护，又注重用户自身的观念调整。首先，加强隐私数据的监管。个人隐私数据不仅关乎个人利益，还关乎社会利益和国家利益。高校是一个极为特殊的地带，在利用大数据助力思想政治教育时必须加强对学生隐私数据的监管。国家应尽快建立个人隐私数据获取与使用规范，避免某些不法分子从中谋取利益而危害他人、社会与国家的信息安全。其次，完善个人隐私保护立法。完善个人隐私保护立法，运用法律手段来保护个人隐私是目前最有效的方式。要全方位的完善个人隐私保护立法，涉及数据采集、使用、存储、删除各个方面，不能漏掉任何一个步骤，无论是数据采集者、存储者还是使用者、删除者都要严格遵守法规，严惩违法者。最后，调整个体隐私观念。在大数据法律跟不上大数据技术发展的时候，个体就要从自身出发，及时调整自己的隐私观念，这也是对法律理性的一种感性补充。加强自身的隐私保护观念，同时也要避免对他人隐私的泄露，使大数据技术不断促进人的发展，而不是让人生活在不安之中。

六、加强大数据时代思想政治教育机制创新，提升思想政治教育实效

高校思想政治教育机制可直接影响其系统内部各个环节的运行、实施与成效大小，同高校思想政治教育能否取得更好的效果有着直接的联系。在大数据时代，高校思想政治教育面临越来越多的挑战，为了适应这些复杂的情况，必须加强思想政治教育机制创新，为高校思想政治教育发展提供源源不断的动力支持。

（一）构建大数据时代高校思想政治教育预警机制

大数据使高校思想政治教育进入量化时代，教育者更容易捕捉大学生的思想与行动状态，高校思想政治教育的精准性与实效性与日俱增。大数据下的智慧校园平台通过分析学

---

❶ 常宴会：《大数据时代思想政治教育理念的三重反思》，《思想教育研究》2017 年版第 8 期。

生学习与生活中的一些监控数据，可以对学生的思想与行为进行预测，及时诊断可能存在的思想健康安全隐患，发出预警信号，及时发现存在的问题，从而采取有针对性的预防措施，实现"对症下药"。要构建高校思想政治教育预警机制，首先，要完善大数据核心技术，增强大数据预警能力。一是提高大数据集成技术，加快数据采集速度，实现预警机制的时效性。二是提高大数据分析技术，实现定性分析和定量分析相结合，促进"量变"到"质变"，增强预警机制的实效性。三是提高大数据可视化技术，更好地呈现分析结果，将数据结果清楚生动地呈现出来。❶通过不断完善大数据核心技术，增强大数据预警效果。其次，加强各部门协同合作。正所谓"单丝不成线，独木不成林"，构建高校思想政治预警机制，确保其有效运行，单单一方的力量难以达到有效预警的目的，需要加强高校各部门的合作。要增强学校数据收集部门、学生处、团委、后勤处等部门的合作，共同构建高校思想政治教育预警机制，增强其科学性和准确性。最后，健全预警规章制度，保障数据合理合法运用。要确保高校思想政治教育预警机制的有效运行，必须要有严格的规章制度，使工作人员做到权责明确、各司其职，对于数据的使用要以保护学生隐私为前提，违者必究，在合理合法的范围内促进高校思想政治教育预警机制的高效运行。

（二）建立大数据背景下的高校思想政治教育激励机制

"大学生激励机制是指高校管理者在教育教学管理过程中，采取多种途径，充分调动大学生的积极性、主动性与创造性，并满足他们的正当需要，从而实现既定的管理目标。"❷建立高校思想政治教育大学生激励机制，要充分发挥大数据的优越性。

第一，利用大数据技术对大学生进行合理的物质激励。利用大数据技术，整合、分析数据，建立清晰的"学生画像"，同时将学生个体表现与思想政治教育目标相连接，进行网络评估，并对评估的优秀学生进行物质奖励，激发学生主动学习思想政治教育的热情。

第二，利用大数据技术分析学生的兴趣偏好，构建激励相容机制。在激励相容机制下，重视高校思想政治教育是其实现自身利益和价值的必然选择，可以达到双赢效果。利用大数据技术分析学生兴趣爱好，进行教育内容智能推送，可以提高思想政治教育的有效性。同时，可以基于学生兴趣爱好建立用户圈，培养和激励高校网络意见领袖，传播正能量，引导舆论导向。

第三，营造良好的激励环境。良好的环境是确保激励机制实行的关键，赏心悦目的校园自然环境加上公平正义的人文环境，可以使学生在潜移默化中受到思想政治教育的浸

❶ 张晓丽：《大数据背景下高校思想政治教育预警机制研究》，太原理工大学 2019 年硕士学位论文。
❷ 冯甫：《大学生思想政治教育激励机制的构建》，《盐城师范学院学报（人文社会科学版）》2017 年版第 4 期。

润，并且可以促进学生参与思想政治教育的主动性和积极性，从而提升高校思想政治教育的效果。

（三）构建大数据背景下高校思想政治教育动态评估反馈机制

要及时了解高校思想政治教育是否有效、目的是否达到、计划是否正确并被执行，必须要对高校思想政治教育的过程和效果进行评估反馈，形成"评估—反馈—评估"的良性循环。随着大数据时代的到来，高校思想政治教育环境也不断发生着变化，利用大数据技术促进高校思想政治教育动态评估机制的构建是提升高校思想政治教育质量的必然选择。

一方面，全面评估高校思想政治教育工作的开展。利用大数据对教育者、思想政治教育过程、思想政治教育效果进行全面评估。通过大数据建立动态评估模型，记录高校思想政治教育的"变"，并且追踪其变化产生的教育效果。随着数据的扩展，不断完善动态评估模型。充分了解教育者与学生的动态，不仅有利于提高教育者的专业素养，而且有利于对学生实施个性化教育，提升高校思想政治教育的实效性。

另一方面，以大数据技术为基础，促进高校思想政治教育工作的全面反馈。高校思想政治教育部门和各院系要通过微信、微博、电子信箱等多渠道接收反馈信息，通过大数据分析整理，对于正面反馈及时总结经验并进行推广，对于负面反馈要及时修正和改进。还可以发挥大数据的优点，通过及时的传播，将反馈信息转化为生动的可视化图形，使教育者和管理者在第一时间内更清楚问题所在和取得的成效，及时处理问题，从而增强高校思想政治教育的针对性和有效性。评估不是最终需要的结果，进行有效的反馈才能促使思想政治教育的发展，在这个动态的发展过程中通过"评估—反馈—评估"的良性循环，能够保证高校思想政治教育在新时期的潮流中日新月异。

第三节　媒体融合，拓展新时期
高校思想政治教育平台

媒体融合是信息传输通道多元化下的新作业模式，其将报纸、电视台、电台等传统媒体与互联网、手持智能终端等新兴媒体传播通道有效结合起来，资源共享，集中处理，衍生出不同形式的信息产品，然后通过不同的平台传播给受众。媒体融合是当代社会发展的必然结果，它不是跟风之举，而是发展之要义；不是短期之为，而是长远之谋。媒体融合为思想政治教育工作的创新发展提供了新的发展机遇。高校要因势利导，顺势而为，尽快转变传统的教育理念，构建高校的"中央厨房"，促使思想政治教育能够有效传播，使媒体融合与高校思想政治教育更好地契合，以媒体融合技术促进"大思政"格局的构建。

一、转变传统教育理念，增强高校思想政治教育内容的吸引力与引导力

随着传播技术的不断发展，人们逐渐进入媒体融合时代。媒体融合具有革新的一面，包括技术上的革新、形式上的革新、理念上的革新，而理念革新是媒体融合的灵魂所在。理念是行动的先导，指引着行动的方向，无理念，即无知识也无见解，行为也就无从谈起。高校思想政治教育要跟上时代潮流，与时俱进，就必须意识到理念革新的重要性。因此，新时期迫切需要转变高校传统思想政治教育的理念，发挥媒体融合的优势，利用好新媒体平台，增强高校思想政治教育的吸引力和引导力，推进思想政治教育科学、有效的开展。

（一）解放思想，革新媒体融合环境下高校思想政治教育理念

网络媒体技术的普遍应用和不断发展，极大缩短了时间和空间，使世界连成一个整体。传统的思想政治教育理念已经不能适应媒体融合的发展环境，网络媒体信息传播不断冲击着、改造着当代大学生的人生观、世界观和价值观，这就急需高校思想政治教育的管理主体及教育者解放思想、革新理念。

一是要树立全面发展的媒体融合育人理念。要用辩证的思维去看待媒体融合发展对于高校思想政治教育的作用，不仅要看到媒体融合发展对高校思想政治教育的促进作用，同时也要看到它的消极作用。一方面，要主动寻求新媒体与高校思想政治教育的契合点，最大限度发挥新媒体互动性、个性化、开放性、便捷性等优势来加强高校思想政治教育的针对性与实效性。另一方面，要规避媒体融合带来的负面影响。在传统媒体时代，教师掌握的知识与信息要先于学生，处于教育的主导地位，但是在媒体融合时代，教师和学生能够同等地享受知识资源与信息，难免会使教师的权威性受到挑战。因此，教师要转变教育理念，从"填鸭式"理念转变为"双向互动"理念，同时也要避免传统教学方式的单一化，以增加课程的吸引力。媒体融合环境具有开放性，可能会被不法分子钻空子，散布低俗文

化等有害信息，对大学生的人生观、世界观和价值观产生负面影响，所以要在源头上对网络信息加以监管和过滤。另外，网络的快捷性和便利性也在逐渐改变着学生的学习习惯与阅读方式，碎片化信息的泛滥使很多学生无法静下心来去读一本好书。媒体融合带来的负面影响对高校思想政治教育形成了一定的冲击，因此思想政治教育者要具有忧患意识，通过调查分析、评估预测，及时采取措施应对风险，从而使媒体融合更好地服务于高校思想政治教育。此外，要及时净化媒体环境，弘扬优秀文化，争取最大限度地发挥媒体融合优势，促进高校思想政治教育的现代化。

二是要树立在媒体融合环境下培育高校思想政治教育队伍的理念。促进高校思想政治教育，人才队伍是关键。因此，必须树立培育人才的理念，这是落实高校思想政治教育的重要保障。一方面，要注重培育思想政治教育队伍的专业素养。专业素养是一个思想政治教育者的看家本领，思想政治教育队伍必须有坚定的政治立场、扎实的思想政治理论素养，积极学习马克思主义原理及中国化马克思主义理论，了解并掌握中国化马克思主义最新理论成果——习近平新时代中国特色社会主义思想，关注时事，做到思想和知识与时俱进；另一方面，培育教育者线上线下协同育人的能力。在媒体融合环境下开展思想政治教育，教育者除了具备在课堂上生动讲授思想政治教育内容的技能，还必须具备新媒体技能，转变传统教育观念，跟上时代的步伐，改变以往教育模式，学习掌握新媒体有关技术，利用新媒体技术更直观、形象地展示课堂教学内容，探索媒体育人的新模式。

三是要提高大学生在媒体融合环境下受教育的自觉性。思想政治教育不是教育者的独角戏，而是和学生不断互动的一个过程。在转变教育者教育理念的同时，也要引导学生主动适应新环境，提高大学生在媒体融合环境下受教育的自觉性。教育者应不断引导学生加强自主学习的能力，尊重学生的主体性，激发学生的创造力，使学生形成良好的自学习惯。自主学习是大学生成长成才的关键，只有具备自主学习意识，才能对学习感兴趣，深入钻研，并且化理论为实践，使思想政治教育落到实处。同时，要重视榜样的作用，引导鼓励学生骨干在新媒体平台起到积极的带头作用，传播正能量。

（二）实事求是，完善媒体融合环境下高校思想政治教育传播内容

随着媒体融合的不断发展，我国高校思想政治教育内容也呈现动态化趋势。网络是一个纷繁复杂的空间，充斥着许多不良信息，这为高校思想政治教育的开展增加了难度。为加强高校思想政治教育工作，适应媒体融合时代的发展，必须不断完善创新高校思想政治教育的内容，增强思想政治教育的吸引力。

一是不断加强对大学生的理想信念教育。理想信念教育是高校教育的重要内容，因

此，"要做好新媒体时代大学生思想政治教育，首先是帮助大学生树立坚定的理想、信念、信仰"❶。大学生是祖国和民族的希望，是社会发展的关键力量。新媒体在给大学生学习带来便利的同时，也对他们产生了一些负面影响。网络上的信息鱼龙混杂、良莠不齐，思想还不成熟、尚未进入社会的大学生受不良信息误导可能会迷失方向，甚至丧失理想、信念，成为拜金主义和享乐主义风气的受害者。在不良价值观的影响下，高校理想信念教育显得越发重要。因此，媒体融合时代，高校要更加重视理想信念教育。一方面，教育者要有坚定的理想信念，要保持政治本色，坚守社会责任，坚定马克思主义信仰，不仅要具有高水平的理论素养，还要做到言行一致；另一方面，要将媒体融合技术有机融入理想、信念教育中，打破传统媒体单调的教育方式，利用媒体融合技术将理想信念教育从"有意义"做得"有意思"，增强理想信念教育的感召力和感染力，使理想信念教育与学生的现实状态相结合，从学生实际出发，引导学生多用马克思主义的立场和观点分析问题。

二是不断加强对大学生的网络道德教育。列宁曾经说过："道德能帮助人类社会提升到更高的水平，使人类社会摆脱劳动剥削制"❷。在当今媒体融合环境之下，道德显得尤为重要。道德的作用不同于法律强制性的外在约束，而是主体自发性的自我约束。媒体融合环境下的高校思想政治教育应该把加强网络道德教育看作重要一环，教育引导学生树立正确的道德观。可以开展各种校园网络活动，对学生进行正向引导，鼓励学生树立共产主义伟大理想，学习古人"吾日三省吾身"，不断反省自己，总结归纳，从而提高自己的道德修养。要建立坚不可摧的思想阵地，引导学生在网络空间不信谣、不传谣，传播正能量，从而巩固网络思想道德教育。

三是不断增强媒体融合时代的校园文化建设。校园文化对学生有着潜移默化的影响，应该深度挖掘校园文化价值，丰富思想政治教育的内容，以新媒体为载体，以传统媒体为辅助，以学生喜闻乐见的形式展现校园文化，增强校园文化对学生的熏陶与感染。例如，各个学校的校史馆，可以以新媒体为载体，将校史以图画、视频、讲座等生动的方式呈现出来；或者利用VR技术，再现辉煌校史，增加学生对学校的了解，使学生乐于在其中生活和学习，有助于学生的成长成才。另外，通过媒体融合全力提升校园文化的精神内涵。精神内涵是校园文化活的灵魂，其实质是每个人的思想意识的归属，而这正是思想政治教育所要占领的阵地。通过媒体融合技术，图文并茂、音影结合地展示校园文化的精神内涵，使每一个人都产生强烈的归属感，提升自己的文化气质，就能促使个体把学校视为自己的精神家园。

---

❶ 庞娟：《新媒体时代大学生思想政治教育创新研究》，山西大学 2019 年博士学位论文。
❷ 《哲学研究》编辑部：《苏联哲学资料选辑》第 20 辑，上海人民出版社 1964 年版，第 123 页。

二、提高教育者媒介素养，确保高校思想政治教育传播质量

孟子云："贤者以其昭昭使人昭昭。"❶育人者先自育，思想政治教育者必须与时俱进，率先掌握先进的技术和手段才能驾驭思想政治教育任务，这也是思想政治教育动态性和创新性的基本要求。❷教育者是教育实践活动中的基本要素，也是教育实践活动的主体，在整个教育实践活动中充当领导角色、居于主导地位，在整个学习活动中起着校正方向、调整内容、激发动力、传授方法的作用。面对日益复杂的媒体融合环境，教育者必须提升自身的媒介素养，掌握并运用成熟的媒体融合技术，更好地服务于教育内容的生产与传播。同时，需要不断更新教学方式和教学手段，确保高校思想政治教育内容的传播质量。

（一）提高教育者信息过滤免疫能力

媒体融合环境下，新媒体信息鱼龙混杂，教育者自身虽具有正确的意识形态和坚定的政治立场，但是新媒体信息具有极强的渗透力，教育者可能会在不知不觉中受到某些不良信息的影响，从而影响道德修养和工作态度。因此，在媒体融合环境下，教育者要注重增强自身筛选过滤新媒体信息的能力。首先，教育者要不断加强自身道德修养。只有不断增强自身修养才能铸牢抵挡不良信息的坚固高墙。一方面，教育者要具有牢固的共产主义信仰、坚定的政治立场和高超的思想政治理论水平。只有这样，教育者才能坚定教育方向，并且利用强大的真理力量对学生进行理论指导；另一方面，教育者要有高尚的道德品质，爱党、爱国、爱人民，并且要具有敬业奉献、乐于助人、诚信友善等精神。正人先正己，教育者最重要的不是言传，而是身教。好的思想政治教育者一定是说的多、做的更多。教育者首先自身要是一个具有高尚品德和阳光心态的人，才能去感染学生、影响学生。其次，教育者要不断端正工作态度，自觉抵制不良信息的侵蚀。一方面，教育者要在思想和行动上充分认识到利用媒体融合技术开展思想政治教育的重要性；另一方面，教育者要增强教育学生的自觉性。要主动接触学生，双向互动，抢占思想政治教育高地。最后，教育者还要有耐心，对人、对事宽容，戒骄戒躁，认真负责，似春风化雨，使大学生自觉抵御新媒体所带来的不良影响，充分发挥思想政治教育的强大感召力。

---

❶ 万丽华、蓝旭《孟子》，中华书局 2006 年版，第 328 页。

❷ 孟李辛：《全媒体时代高校思想政治教育融合发展的动因及有效路径》，《学校党建与思想教育》2020 年第 10 期。

（二）提升教育者运用新媒体技术的能力

新媒体作为时代发展的产物，对人们也提出了新要求，尤其在高校思想政治教育中，"00后"大学生作为"网络原住民"，基本能熟练掌握各种新兴媒体。教育者想要跟上年轻一代的步伐，就必须不断增强运用新媒体技术的能力、提升使用新媒体与学生交流的能力、掌握运用新媒体更好开展思想政治教育的能力。首先，了解并熟练掌握学生常用的网络工具。要利用新媒体技术更好地进行思想政治教育，就必须与学生在同一阵线，融入学生的媒体圈，用学生喜爱的传播方式与学生沟通，如利用微博、微信、抖音等工具，拉近与学生的距离。这有利于教育者更加接近学生，从而增强思想政治教育的实际效果。其次，掌握并使用网络语言。随着新媒体技术的发展革新，网络语言在互联网媒介的传播中得到了飞速发展。目前，网络语言越来越成为人们网络生活中必不可少的一部分。新时期的大学生个性飞扬、思维活跃，使用网络语言的频次也日渐增多。网络语言虽不符合现代汉语的语法规定，不具备教学意义，但是与学生交流时恰当使用网络语言，不仅可以拉近与学生的距离、增强与学生的亲近感，还可减少与学生的交流代沟，更有利于实现思想政治教育的目标。最后，注重利用新媒体优势引导学生潜移默化地接受思想政治教育。通过新媒体加强与学生的紧密联系，了解学生需求，在交流中，将正能量与中国特色社会主义先进文化通过新媒体以"润物无声"的方式传播给学生，逐渐掌握新媒体中的话语权。此外，在发现特殊情况时要给予学生更多的关注，利用新媒体在线持续追踪学生状态，发现问题并及时解决，也可以助力危机的化解与消除。

（三）提升运用媒体融合技术创新思想政治教育方法的能力

在媒体融合的背景下，大学生的思想和行为都发生了很大的改变，这就要求教育者要与时俱进、改革创新。

首先，要在党的教育方针和教育政策的指导下，深入学习媒体融合理论。教育者可以通过参加专业讲座培训，增强对媒介理论知识的学习，以适应媒体融合环境下高校思想政治教育的需要。此外，还要加强对马克思主义理论、教育学、心理学等学科的学习，构建一个系统的理论知识框架，以便于更好地指导思想政治教育。

其次，提升教育者在媒体融合环境下的工作研究能力。提升教育者通过新媒体收集更全面的教育素材、综合整理提炼、加工的能力，以此来提升教育素材的质量和深度。同时，牢牢抓住传统教育阵地，通过课堂讲授、实践拓展等方式将新媒体成果更好地运用于传统教育之中，实现线上线下灵活结合，不断探索思想政治教育新路径。

最后，与时俱进创新思想政治教育方法。媒体融合环境下，需要增加教育方法与虚拟空间传播特点的融合度，采取能发挥虚拟空间优势的隐性教育方法。重视虚拟空间第二课堂传播正能量，例如，采取"翻转课堂"、慕课等教育方式，增强学生的自主学习能力，开发学生的创新能力。同时，基于开放的互联网环境，将新媒体作为思想政治教育工作的载体和全面开展工作的基础，建立多元化、系统化的教学平台，在平台中强化思想政治教育，占领意识形态主阵地。当然，也不能抛弃传统媒体，而是将第一课堂与第二课堂有效结合，生产出更有吸引力与引导力的思想政治教育内容，通过多样化的平台传播给学生。

三、构建高校思想政治教育"中央厨房"机制，实现多平台一体联动

"中央厨房"最初是特指人民日报的一种运行机制，它是面向受众、面向国际、面向未来的集媒体策划、采访、制作、播发等多种功能于一身的多媒体综合平台，也是推进媒体融合发展的核心平台。"中央厨房"打破了过去媒体板块分割的运作模式，总编调度中心和采编联动平台的设立，统筹了采访、编辑和技术力量，从而实现了"一次采集、多元生成、多渠道传播"❶的工作格局。这无疑是传统媒体运作模式的一次自我革命。高校思想政治教育要跟上时代步伐，把握媒体融合发展的时代浪潮，探索高校思想政治教育的"中央厨房"，为高校思想政治教育的传播开辟更广阔、更有效的新路径。

（一）打造高校思想政治教育"中央厨房"

当前，媒体融合发展之快、影响之大令人惊叹，可以毫不夸张地说，人类社会一夜之间迈入了全媒体时代。高校要加快推进对传统媒体的改革，利用媒体融合技术优化传播途径和信息内容，进一步促进高校思想政治教育的发展。打造高校思想政治教育的"中央厨房"，关键要处理好"统"与"分"的关系。

首先，设立总的调度中心，强调"中央"的作用。总的调度中心在统筹策划、整合资源、调度多方力量、协调技术支持等方面发挥核心作用。科学系统地进行高校思想政治教育，需要这样一个总的调度中心的出现，这样才能打破以往各自为政的状态，对思想政治教育的内容进行生产加工，提高调度的及时性和协同性，实现高校思想政治教育传播的广泛化、便捷化和智能化。在这个过程中，需要媒体技术的支撑，因此要加强媒体技术的开发利用，借助技术发挥高校思想政治教育"统"的作用。

❶ 史晶莹：《传统媒体"中央厨房"的新闻生产优势分析》，《传媒》2018年第10期。

其次，强化分工，提高教育效率。打造高校思想政治教育"中央厨房"，"分"的作用也尤为重要。根据专业对口原则、项目制定施工原则进行分工、兴趣化组合，同时也可组建融媒体高校思想政治教育工作室，优化配合力度。要整合新媒体中心技术力量，组建日常技术运营维护、可视化制作等服务团队，提高高校思想政治教育的传播效率。

最后，强化绩效考核，创新激励与约束机制。适当的绩效考核体系和约束机制可以促进教育者加强自身素养，提升思想政治教育效率。根据对思想政治教育"中央厨房"传播效果跟踪系统的实时监测、动态排名，对每周、每月、每个季度的优秀思想政治教育工作者进行奖励。发挥约束机制的作用，使思想政治教育工作者认真对待岗位与工作，坚守道德底线和法律底线，保证思想政治教育传播方向的正确性和传播内容的科学性。

总之，"中央厨房"的运行开启了高校思想政治教育发展的新征程，因此，要在实践中不断总结经验，深化改革创新，推动媒体技术与高校思想政治教育的深度融合，让新时期高校思想政治教育不断与时俱进。

（二）充分考虑学生需求，开发高校思想政治教育网络化多元产品

"'中央厨房'的流水作业，可能提供一稿或多稿供子媒选用，但集团内各子媒有自身的需求，子媒编辑部可以根据自身媒介特点、受众特点，向'中央厨房'提出个性化订制需求，'中央厨房'再组织记者进行采访、编辑。"❶高校思想政治教育的"中央厨房"也应借鉴这样的做法。

一是为学生提供个性化定制服务。每个学生个性不同，所需的教育内容也不同。因此，打造高校思想政治教育"中央厨房"要充分考虑学生的需求，根据学生的专业、性格等特点，为学生提供个性化服务。高校"中央厨房"可以利用学生不同的心理特点，对信息进行统筹筛选，使学生最大程度和最快速度获取最佳信息。通过对信息的加工、处理和筛选，在一定程度上也去除了不良信息，这不仅保证了信息质量，也保证了信息传播效果，促进了媒体融合环境下高校思想政治教育的传播实效。

二是开发思想政治教育网络化多元产品。要用"互联网思维"思考问题，跟上时代，跟上技术的发展，跟上年轻一代的思维方式和接受教育方式。通过大数据技术掌握学生的思想动态，根据最新情况，采取有效措施，进而实施精准化、个性化的思想政治教育，增强思想政治教育的针对性和实效性。高校"中央厨房"要根据学生的喜爱推出内容丰富、形式多样的思想政治教育产品，包括建立专门的思想政治教育网站，提供可视化的图片、图表、短视频等优质思想政治教育资源；利用"三微一端"（微信、微博、微视频和客户

❶ 陈正荣：《打造"中央厨房"的理念、探索和亟需解决的问题》，《中国记者》2015 年第 4 期。

端）建立师生线上互动平台，增强教育主客体之间的双向互动，激发学生对高校思想政治教育课的学习兴趣；还可以鼓励、引导学生自主管理思想政治教育平台，增强学生对思想政治教育内容的深入了解和内化吸收，同时提升大学生的媒介素养。此外，还可以大力开发H5形式的思想政治教育系列产品。H5又叫互动H5，指可以播放Flash的在智能移动终端上呈现的新媒体传播形式。高校思想政治教育"中央厨房"可以制作有关红色文化等正能量的H5产品，让思想政治课"活起来"，增强课堂的趣味性。

四、健全媒体融合背景下高校思想政治教育管理制度，保障高校思想政治教育健康发展

随着媒体融合的不断发展，网络虚拟空间越来越成为高校师生活动的重要场所，一些不良的信息内容经常会对大学生的思想和行为产生冲击。由于缺乏有效的道德约束和完善的规章制度，传统的监管模式显得越来越"力不从心"。在媒体融合环境下，要确保高校思想政治教育的健康发展，必须不断完善相关的法律、法规和制度，加强对媒体平台的信息监管与规范化建设，营造一个风清气正的舆论环境，同时也要注重管理人才的培养，确保高校思想政治教育能够在媒体融合环境下可持续健康发展。

（一）完善媒体融合环境下的法律法规

没有网络安全，就没有校园安全。在媒体融合环境下，网络空间的虚拟性和开放性增加了高校思想政治教育的管理风险和难度。要想降低风险，化被动为主动，就需要不断完善媒体融合环境下的法律法规。《中华人民共和国刑法》中虽然有许多涉及新媒体环境下互联网公民的行为准则和关于新媒体环境下社会普遍问题的条例，但这些条例相对来说都是比较宏观的，其中关于媒体融合环境下有关高校舆论环境管控的内容更是凤毛麟角。高校是培养中国特色社会主义建设者和接班人的重要阵地，思想政治教育是提高大学生思想政治素质的重要手段，因此，保障高校思想政治教育健康的运行就显得尤为重要。一方面，应根据实际制定详细的法律条文，对应相关违法行为。例如，对于网络不良言论进行等级定性，按照其对思想政治教育的危害程度采取相应的惩罚措施和手段；另一方面，违法必究，加大打击力度。法律要严要细，才能更具有威慑力，对于违反法律者，要根据情况严肃处理。此外，法律制度的执行程度，并不取决于强制性，而是取决于法律制度的可行性和前瞻性，也就是说人性化的法律制度更有利于实施。因此，在完善法律法规的过程中，要考虑到现实情况，考虑高校这个特殊阵地、学生这个特殊群体。在实事求是和与时俱进中不断完善媒体融合环境下的法律法规，为高校思想政治教育保驾护航。

（二）加强媒体平台的信息监管与规范建设

"没有规矩不成方圆。无论什么形式的媒体，无论网上还是网下，无论大屏还是小屏，都没有法外之地、舆论飞地。"❶高校的主管部门要履行好监管责任，尤其是要加强对新兴媒体的管理，"需要制定严格周密的保障监管体系，以防、控、导为标准的监管体系才能有序地解决突发网络事件"❷，营造一个清朗的网络空间。网络空间作为一个与现实社会息息相关的新空间，需要使用新的管理思维和管理手段进行规范。为了确保高校网络思想政治教育少受冲击或不受冲击要从以下几个方面规范建设。

首先，要不断完善监管制度，从制度化的层面牵住网络法制化的"牛鼻子"，加强对新媒体平台的监管。规矩是个人行为的红绿灯，科学系统的监管制度可以使具体的信息监管行为有据可循。细化媒体融合环境下的高校思想政治教育监管机制，让广大师生共同学习监管制度，开展专题讲座，了解网络社会信息安全和网络平台言行规范等的重要性。从自身做起，不在媒体平台发表、转载不适当的言论，自觉抵制不良言论。学校监管部门也要把好信息传播关，从源头净化媒体平台，使广大师生减少接触不良信息的概率，利用新媒体技术为学生建立专属档案袋，记录学生在网络媒体平台的言行，敦促学生在网络媒体空间不信谣、不传谣。

其次，加强对网络内容的监控，通过强制性内容审查与过滤，达到"防患于未然"的目的。利用新媒体技术，对学生在QQ、微信、微博等社交平台的言论进行适当的监察，建立网络舆情预警系统，通过敏感词过滤、信息统计分析、趋势走向分析等技术，防止学生散布有违主流价值观的思想言论。对于发表不良言论的学生，相关部门要及时约谈学生，必要时对其进行专业的心理辅导。信息技术部门要在第一时间内对非主流价值观的言论进行删除，以免对其他同学造成不良影响。需要注意的是，在监控过程中要注重保护学生隐私。

最后，利用媒体融合技术平台，多渠道对学生进行正能量引导。充分利用媒体融合技术平台带来的便利，运用好校园官方微博、微信平台传播优质信息，将文字生动化，改变信息传播方式，利用拍摄小视频等方式，打破传统的文字灌输方式，更利于学生接受优质信息内容。同时，也可充分利用易班（E—Class App），提升其功能，积极建设校园网络文化。除此之外，注意线上线下教育灵活结合，共同营造健康向上的校园环境。

---

❶ 习近平：《加快推动媒体融合发展构建全媒体传播格局》，《思想政治工作研究》2019年第4期。
❷ 向宜：《新媒体环境下高校思政教育》，辽海出版社2017年版，第128页。

（三）注重培养管理人才，保障管理制度可持续发展

媒体融合技术的不断发展，为高校思想政治教育带来推动力的同时，也产生了负面影响。所以，不断健全高校思想政治教育新媒体管理制度，才能保障高校思想政治教育的健康发展。而不断健全管理制度的关键在于人才，只有建立一支复合型的人才队伍，才能确保管理制度持续健康发展，避免不适应媒体融合环境下高校思想政治教育的发展。一是要提升管理素养。管理人才要具有团队管理能力、目标管理能力和执行力、决策力。二是要增强实践能力。实践是检验真理的唯一标准，只有实践才是评判一个管理人才的标准，管理人才要从学生中来，到学生中去，既熟悉学生的思想行为特点又熟练掌握新媒体技术，善于探索媒体融合环境下更好的高校思想政治教育模式。三是要锻炼与时俱进的品质。时代潮流，浩浩荡荡，唯一的"不变"就是"变"，管理者要以发展的眼光看待思想政治教育，打破传统思维，树立媒体融合观念，不断探索利用媒体融合技术创新思想政治教育的方法和手段，不断更新思想政治教育模式，丰富思想政治教育内容，铸牢藩篱，不断完善保障机制，保障高校思想政治教育的健康可持续发展。

高校是我国人才培养的主要阵地，培养学生的全面发展离不开思想政治教育，尤其在当前新媒体环境下，多元文化冲击着人们的思想，网络思想政治教育越发显得重要。时代要求高校思想政治教育推陈出新。随着网络信息技术的日新月异，网络空间成为价值碰撞、激荡、交锋的主要场域，后真相成为网络空间的重要特征，价值迷惘、裂变、失范的网络生态不时呈现，这要求学校必须牢牢掌握意识形态工作领导权，坚持正确的价值引领。同时，也要抓住时代机遇，利用大数据技术对学生进行个性化描述，因材施教，实现高校精准化思想政治教育。此外，在利用新媒体的同时也不能抛弃传统媒体，将新兴媒体与传统媒体结合，优势互补，实现媒体融合，进一步拓展高校思想政治教育载体，促进"大思政"格局的构建，使高校思想政治教育做到随时而动、顺势而为、开拓创新。

参考文献

［1］程贵林，张海丽.高校思想政治理论课改革与创新［M］.北京：中国财富出版社，
    2020.

［2］胡绍红.大学生思想政治教育研究［M］.北京：研究出版社，2020.

［3］李明珠，陈红.新时代高校思想政治教育的守正与创新［M］.北京：知识产权出版
    社，2020.

［4］李学昌.高校大学生思想政治教育理论与实践创新路径研究［M］.长春：吉林出版
    集团股份有限公司，2020.

［5］李颖存.新媒体时代高校思想政治教育创新研究［M］.成都：电子科学技术大学出
    版社，2020.

［6］李振委，景熹.新媒体传播与大学生思想政治教育及其途径创新［M］.成都：西南
    交通大学出版社，2020.

［7］柳琼，韩冰，张薇.大学生思想政治教育对策研究［M］.长春：吉林出版集团股份
    有限公司，2020.

［8］沈树永.大学生思想政治教育对策研究［M］.上海：上海财经大学出版社，2020.

［9］闻竹，李康.新时代背景下高校思想政治教育创新发展研究［M］.北京：九州出版
    社，2020.

［10］姚彩云.新时代高校思想政治教育工作研究［M］.北京：中国财富出版社，2020.

［11］张慧荣.大学生思想政治教育的理论与实践［M］.长春：吉林大学出版社，2020.

［12］朱金山.新媒体与大学生思想政治教育研究［M］.长春：吉林出版集团股份有限公
    司，2020.